本书由四川轻化工大学人才引进项目"区域经济绿色发展评价研究"（编号2022RC08）与成渝地区双城经济圈川南发展研究院项目"川南经济区创新发展与协调发展战略研究"（编号CYQCNY20215）资助。

中国模式

区域经济绿色发展评价研究

刘明洋◎著

光明日报出版社

图书在版编目（CIP）数据

区域经济绿色发展评价研究 ／ 刘明洋著 . -- 北京：

光明日报出版社，2025.3. -- ISBN 978 - 7 - 5194 - 8462 - 0

Ⅰ. F127

中国国家版本馆 CIP 数据核字第 2025BF1457 号

区域经济绿色发展评价研究

QUYU JINGJI LÜSE FAZHAN PINGJIA YANJIU

著　　者：刘明洋

责任编辑：刘兴华　　　　　　　　责任校对：宋　悦　乔宇佳

封面设计：中联华文　　　　　　　责任印制：曹　诤

出版发行：光明日报出版社

地　　址：北京市西城区永安路 106 号，100050

电　　话：010-63169890（咨询），010-63131930（邮购）

传　　真：010-63131930

网　　址：http://book.gmw.cn

E - mail：gmrbcbs@ gmw.cn

法律顾问：北京市兰台律师事务所龚柳方律师

印　　刷：三河市华东印刷有限公司

装　　订：三河市华东印刷有限公司

本书如有破损、缺页、装订错误，请与本社联系调换，电话：010-63131930

开　　本：170mm×240mm

字　　数：150 千字　　　　　　　印　　张：13.5

版　　次：2025 年 3 月第 1 版　　　印　　次：2025 年 3 月第 1 次印刷

书　　号：ISBN 978 - 7 - 5194 - 8462 - 0

定　　价：85.00 元

序　言

资源和环境是区域经济发展的基本条件，而绿色发展是区域发展最核心的问题。当前，国内经济增长模式主要以资本积累作为主要动力的粗放资源开发型增长模式。由于过度开发资源使资源消耗与损失增大，这种粗放资源开发型增长模式将会影响区域内的生态环境。在区域生态环境十分严峻的形势下，中国面临的头号问题是如何实现区域经济绿色发展。由于经济界学者将环境调查与研究结果仅列于文献之中，并未做相关量化性的分析研究，使之缺乏定量性的应用方式。而政府决策者对区域经济绿色发展的了解和认知并非如此透彻，这就造成决策者在做区域发展决策时，并无量化的资料可咨询与应用。为解决这些问题，必须对经济增长与环境绿色发展的关系进行研究。本书研究成果，可优化区域经济结构，进一步建构以经济绿色发展为主轴的区域优势，为政府决策提供理论依据，为其他类似区域经济发展提供借鉴，也可为区域内企业引进提供参考。

本书基于国内外相关文献资料的搜集、整理与分析基础上开展问卷调查，从不同行业人才对区域发展的认知视角出发，对区域经济绿色发展评价进行研究。本书的主要内容安排如下：

第一章，导论。本章主要介绍了研究背景、研究意义、国内外研究现状、内容、技术路线以及主要创新。在参考阅读大量的国内外文献之后，确定了研究思路。

第二章，区域经济绿色发展相关理论。本章首先对区域经济发展的相关理论与概念进行了梳理；其次，通过类比循环经济、低碳经济发展的相关内涵，对区域经济绿色发展进行了定义；最后，对区域经济绿色发展的战略理论进行了阐述与诠释。

第三章，区域经济发展的转型升级。本章对影响区域经济绿色发展影响因素进行了归纳与总结；同时，对区域经济绿色发展所面临的挑战进行梳理。最终得出结论：只有进行相关领域的转型升级才能实现区域经济绿色发展。

第四章，区域经济绿色发展的评价指标体系。本章通过对经济发展评估原则与方法进行研究，从而分别建立了自然环境与人才环境指标体系。

第五章，区域经济绿色发展的综合评价模型。本章在对国内外相关文献资料的搜集、整理与分析基础上，针对存在问题进行问卷调查。对已有区域经济资料及调查问卷结果，通过技术接受模型（TAM）和组织情境变量的概念路径模型，对影响区域经济发展的因素进行评价。最后用结构方程模型（SEM）中最具代表性的 IBM SPSS Amos 22.0 对模型进行检验，从不同视角挖掘经济发展中自然环境、人才根植环境因素的作用效度。通过量化分析研究资源与人才根植环境对区域经济发展的影响规律，从而获得区域经济绿色发展的动态评估模型，并构建了相应的评估标准。

第六章，发达国家经济绿色发展的经验。本章介绍了发达国家如美国、英国、新加坡、法国等国在自然环境保护、人才环境塑造与绩效评估领域的相关经验，以便借鉴与参考。

第七章，区域经济绿色发展的对策及建议。本章分析了当前我国在经济发展中存在的弊端与短板，提出相关政策及建议。

第八章，区域人才能力的预测及评价。本章利用 Markov Chain 对人才的状态进行预测，结合定性及定量分析，建立了人才评价的模型。研究结果有助于企业或政府对区域人才状态进行评估，防止人才流失。

本书不同于三类实证方法：面板数据、时间序列数据和横截面数据分析。为推动区域经济绿色发展评价研究，本书创建了一个综合框架模型；此框架可以帮助读者从多维视角了解区域经济绿色发展的影响因素。本书克服了经济转型理论的主题和组成部分之间的分裂和孤立，并对区域经济转型发展提出了系统性建议。

目　录
CONTENTS

第一章 导 论

第一节 研究背景及意义

一、研究背景

资源和环境是人类赖以生存的基本条件，人与自然和谐相处是区域绿色发展关键所在。走绿色发展之路，就是要在大力发展经济的同时，认真处理好发展与环境的关系，达到人与环境的和谐。

随着工业化进程的进一步加快以及社会经济的发展，人类对资源的索取持续增长，产生了一系列生态环境问题，人类的生存发展面临严峻挑战。改革开放四十多年来，有限的自然资源早就开采殆尽。过去数十年间经济发展的手段主要是倚赖外来进口原料，加工制造为成品后再出口，借以赚取微薄的加工费，却将生产过程中产生的有害的工业废弃物不断地累积排放在自己的国土上，不知不觉中已经危害到我们赖以生存的环境。随着国民收入增加和国人消费能力提高，加上"免洗筷"式的消费模式，我国一般废弃物产量也不断攀升，垃圾处理的问题日趋严重，无论加以焚化或掩埋，都会对环境造成无法弥补的伤害。

世界环境与发展委员会（WCED）在 1987 年联合国第 42 届大会中，发布了报告《我们共同的未来》，鼓励产业界应该更有效率地利用自然资源，减少污染物和废弃物的排放，并且尽量利用可再生资源来取代不可再生资源，强调人类永续发展的概念，将"可持续性发展（Sustainable Development）"一词定义为发展过程能够满足当代的需要，且不至于危害到未来后代满足其需要。

水资源污染：地球通过太阳能的蒸发作用驱动水的净化和循环，干净的饮用水对人们的生活是不可或缺的；生产食物需要农业灌溉用水，而几乎所有工业生产也需要水的投入。根据世界卫生组织估计，将近 45 个国家无法提供基本的生活必需水量，主要问题在于无法取得干净的饮用水；造成水资源短缺的原因包括自然性减少（气候变迁）、农业或工业用水过度、人口增加和生活形态的改变、净水不足与配水不均以及水资源的污染。水资源污染主要是因为产业发展。工业废水是工业发达国家水资源污染的主要原因，发展中国家则因为农业开发而污染其水源，如过度使用人工化学肥料和农药，或是过度抽取地下水灌溉或养殖。

人类生活需要的是淡水，根据美国地理调查资料，淡水只占地球上所有水的 2.4%，其中地下水和地表淡水只占 12.8%，82.7% 都是冰与雪，也就是说可以直接被人类利用的淡水资源仅占全球总水量的 0.3%。人类的产业发展模式将有限且珍贵的淡水资源严重污染，甚至连海水也一并遭殃，如何确保水资源的永续性和避免全球性水荒已经成为当今世界面临的严峻挑战。

空气污染：空气污染是一个很古老的环境问题。自从人类开始使用火燃烧所产生的烟，以及自然界闪电雷击引发森林火灾而产生的大量浓烟，在某种程度上都会产生空气污染。13 世纪后，煤成为人类可接受的燃料，燃烧煤除了产生烟尘和二氧化碳之外，含硫量高的煤还会产生大量的二氧化硫，带着令人窒息的恶臭，使煤被称为"地狱之火"。随着社会经济发展迈向工业化，化石燃料因为运输和发电的需要导致使用量剧增，加上森林因遭到滥砍而急速消失，大气中的二氧化碳浓度因而逐步上升。近几十年来空气污染的最大来源，已经由燃烧后的烟尘转变为机动车辆所排出的废气，尤其城市区域 90% 以上的空气污染都是由油气车辆制造出来的；因为汽油的主要成分是辛烷类，燃烧后会产生大量的二氧化碳，汽油中亦含有残存的硫，油气车辆排出的废气中也会含有二氧化硫，而引擎所产生的高温也有助于氧化氮类废气的生成。

二氧化碳和其他空气污染的气体造成全球气候暖化已经是不争的事实，近年来报纸杂志和电视新闻不断地报道，与温室效应（Greenhouse Effect）相关的环境问题现象已经随处可见。例如：南极半岛上的冰崩破裂、全球高山冰河正在不断地退后和消失、海底的珊瑚礁因为温度升高而白化死亡、北极的冰块已经开始融化、大洋洲的珊瑚岛国家因为海平面升高而面临国土消失的困境，而已经严重影响人们生活的是季节交替逐渐背离正常的时间，暴风雨变得更强烈也更频繁。

空气污染对全球暖化的贡献如表 1-1a 至表 1-1c 所示。

表 1-1a　空气污染对全球暖化的贡献

气体类型	六氯化硫	氧化亚氮	氟氯碳化物	甲烷	二氧化碳
百分比	0.4%	6%	11%	19%	64%

表 1-1b　空气污染对全球暖化的贡献

活动项目	农业耕种	森林砍伐	工业制造	化石燃料燃烧
百分比	13%	14%	24%	49%

表 1-1c　空气污染对全球暖化的贡献

国家/地区	南非	日本	印度	其他	西欧	东欧与苏联	中国	美国
百分比	4%	4%	7%	9%	12%	13%	23%	28%

酸雨（Acid Rain）：其实也是空气污染的一种，是由烟囱和车辆排气管排放的二氧化硫和二氧化氮溶解在雨水里所造成，酸雨会进一步酸化湖泊与土壤，并且改变在其中生长的动物和植物的形态。

对于造成地球臭氧层（Ozone）破洞日渐扩大的元凶，科学家早已确定是由一种名为氟氯碳化合物（CFC）的人工化学物质所引起，其主要用途是作为电子和计算机产业的溶剂以及空调系统的冷媒。这些冷媒最后都被排放到大气层中，而清洁后的溶剂也挥发到空气中，造成大气层中积满氟氯碳化合物，因而破坏了自然生成于大气层上空可以保护地球的臭氧层。一旦臭氧层遭到破坏，人类可能因暴露于过多的紫外线辐射量而致癌，其他动植物也会因接收过量紫外线而受到伤害。

地球的自然资源为阳光、空气、水和土地，也是人类赖以生存的根本资产。今天的产业设计的目的原本是追求经济成长和更美好的生活，但是无限制地消耗自然资源和无止境地破坏自然环境，将使人类社会不知不觉地走向毁灭边缘，而失去了自然环境和自然资源的支持，产业发展将无以为继，人类也将面临前所未有的生存危机。

当前，生态环境（Ecological Environment）面临的形势更加严峻，其在社会存在系统中的地位和作用与日俱增。在生态环境十分严峻的形势下，最重要、最核心的问题是生存、可持续发展与和谐发展。在未来社会，生态技术（Ecological Technology）与绿色经济（Green Economy）代表着人类社会产业结构和经济形态的发展方向。联合国环境署发起了"Green Economy"倡议，绿色经济开始被国际社会广泛接受。既然"Green Economy"是直面工业文明的弊端提出来的，那么环境重建就成为我国经济持续增长的核心问题。

现阶段，国内经济增长模式是主要以资本积累作为主要动力的粗放资源开发型增长模式。由于过度开发资源使资源消耗与损失增大，这种粗放资源开发型增长模式将会影响区域内的生态环境。生态破坏与环境污染会同时造成我国对外资的吸引力、对人才的吸引力逐年下降致使资本、人才外流，从而使得国内经济的增长缺乏永续性。由于国内自然资源分布特点与产业布局不合理，这就决定了经济增长以及增长方式十分依赖于环境因素。资源、环境以及社会问题，实际上就是经济永续发展问题与环境和谐发展问题。为了解决备受当今世界所关注的经济可持续发展与环境和谐发展问题，多年来，国内外对该领域研究方兴未艾。

二、研究意义

本书以全新的思维建立区域经济绿色发展动态评估模型，通过动态评估模型来制定未来经济与环境发展目标，提出适合区域发展的对策，优化区域经济结构，进一步建构以经济绿色发展为主轴的区域优势。其研究成果可为政府决策提供理论依据，为其他区域经济发展提供借鉴，也可为企业的引进提供参考。因此，对区域经济绿色发展的评估模型进行研究具有十分重要的学术价值与现实意义。同时，本书构建了人才预测与评估模型，助力区域人才引进与发展。

第二节　国内外研究进展

区域经济绿色发展是政治经济学研究的重要组成部分。由于区域经济绿色发展为人类生存、兴盛提供必需的空间与动力，同时为人类以及其他生物群落提供其生命周期内各个阶段生存所需的能量、食物以及适合生存、发展的条件。区域经济绿色发展具有环境、人才与自然属性的三重维度概念，其内容包含自然环境、人才、可持续发展等属性，既反映了自然环境的承载能力与恢复能力、人才系统的可持续性，又反映了生态维持社会可持续发展的潜能。因而，区域经济绿色发展不可避免地成为当前社会关注的重心。

一、国外研究动态

环境问题是影响经济永续发展的主要因素，因此成为地球上大多数国家关注的主题。本书具体从环境概述、内外动因、意识以及行为的相互关系进行研究与梳理，即空气、能源、经济以及教育方面，主要对环境行为内在因素与外在社会因素进行研究，为深入探讨区域经济绿色发展奠定环境基础。

在能源、低碳研究方面，国外学者研究重点主要集中在能源—环境—经济间的相互关系以及城市尺度的低碳社会发展模型评估预测碳排放。安妮·P.卡特[①]利用动态输入输出模型分析了环境污染排放量减少和新能源技术对于美国未来 10 至 15 年经济增长率的影响。卡夫·J 和卡夫·A[②]对美国长达 27 年的数据进行研究，发现国民生产总值（Gross National Product，GNP）与能源消耗存在着单向因果关系。帕纳约图·西奥多[③]研究认为经济规模效应、结构变化和技术发展是形成环境库兹涅茨曲线的主要原因。大卫·霍顿和彼得·皮尔逊[④]通过输入输出模型研究英国 10 个部门的环境—能源—经济（Environment - Energy - Economy，3E）之间的相互影响关系。钟·Y. H. 等[⑤]运用方向距离函数提出曼奎斯特-龙伯格（Malmquist-Luenberger，ML）生产率指数及其分解形式。约翰·阿萨福·阿贾耶[⑥]利用协整检验及误差修正模型对四个国家的能源消耗与收入之间的关系进行研究，发现收入与能源消耗之间在短期内存在双向的因

① CARTER A P. Energy Environment, and Economic Growth [J]. The Bell Journal of Economics and Management Science, 1974, 5 (2): 578-592.

② KRAFT J, KRAFT A. On the Relationship between Energy and GNP [J]. Journal of Energy Development, 1978, 3 (2): 401-403.

③ PANAYOTOU T. Empirical Tests and Policy Analysis of Environmental Degradation at Different Stages of Economic Development [R]. ILO, 1993: 1-18.

④ HAWDON D, PEARSON P. Input-Output Simulations of Energy, Environment, Economy Interactions in the UK [J]. Energy Economics, 1995, 17 (1): 73-86.

⑤ CHUNG Y H, FÄRE R, GROSSKOPF S. Productivity and Undesirable Outputs: A Directional Distance Function Approach [J]. Journal of Environmental Management, 1997, 51 (3): 229-240.

⑥ ASAFU-ADJAYE J. The Relationship between Energy Consumption, Energy Prices and Economic Growth: Time Series Evidence from Asian Developing Countries [J]. Energy Economics, 2000, 22 (6): 615-625.

果关系。杜夫·吉伦和陈长虹①应用马卡尔线性模型（Linear Markal Model）研究 CO_2、SO_2 与 NO_x 减排，提出了最优策略。帕舍·马科斯②分析指出技术进步可以提高生产效率和能源效率，从而减少生产过程对环境产生的负面影响。布林·萨多尼克和杰卡德·马克思③通过相关政策的执行实现了城市排放量减小到预期情景。曼弗雷德·伦岑和克里斯托弗·J. 戴伊④基于投入产出原则对澳大利亚经济研究结果表明：能源消耗与温室气体排放的减少与董事会的经济利益相吻合。布德里·J.C. 等⑤采用亚洲降雨模型（RAINS - ASIA Model）对中国及印度在 1990 年至 2020 年间的可再生能源使用潜力与节能减排的成本效益进行了分析。

埃里克·D. 拉森等⑥利用马卡尔模型建立中国能源系统模型以确保中国能源供应安全以及未来中国的能源技术战略。迪茨·西蒙和雅多嘉·W. 尼尔⑦研究均证实了倒 U 形曲线（Inverted U-shaped

① GIELEN D, CHANG H C. The CO_2 Emission Reduction Benefits of Chinese Energy Policies and Environmental Policies: A Case Study for Shanghai, Period 1995—2020 [J]. Ecological Economics, 2001, 39 (2): 257-270.

② PASCHE M. Technical Progress, Structural Change and the Environmental Kuznets Curve [J]. Ecological Economics, 2002, 42 (3): 381-389.

③ SADOWNIK B, JACCARD M. Shaping sustainable energy use in Chinese cities: the relevance of community energy management [J]. disP - The Planning Review, 2002, 151 (4): 5-22.

④ LENIEN M, DEY C J. Economic, Energy and Greenhouse Emissions Impacts of some Consumer Choice, Technology and Government Outlay Options [J]. Energy Economics, 2002, 24 (4): 377-403.

⑤ BOUDRI J C, HORDIJK L, KROEZE C, et al. The Potential Contribution of Renewable Energy in Air Pollution Abatement in China and India [J]. Energy Policy, 2002, 30 (5): 409-424.

⑥ LARSON ED, WU Z X, DELAQUIL P, et al. Future Implications of China's Energy - Technology Choices [J]. Energy Policy, 2003, 31 (12): 1189-1204.

⑦ DIETZ S, ADGER W N. Economic Growth, Biodiversity Loss and Conservation Effort [J]. Journal of Environmental Management, 2003, 68 (1): 23-35.

Curve）的存在，也有部分研究对倒 U 形环境库兹涅茨曲线（Environmental Kuznets Curve，EKC）的认识提出疑问，而大卫·I. 斯特恩[1]认为 EKC 的统计基础薄弱。苏米亚南达·丁达[2]指出仅有部分空气污染物符合 EKC，对 EKC 的拐点并未达成一致。韦扬特·J. P. [3]开发了自上而下的模型评估全球 CO_2 排放。卡拉·奥利维拉和卡洛斯·亨格勒·安图内斯[4]建立多目标线性规划模型分析能源政策、社会福利、经济增长和环境友好的永续性。特尔彭尼·J 等[5]与特尔彭尼·J 等[6]以英国西部地区为例开发气候发展模型。李钱江[7]对 18 个国家在 1975 年至 2001 年期间能源消耗与 GNP 数据研究发现：无论长期还是短期，能源消耗与 GNP 均存在单向因果关系。路易斯·贝尔蒂内利和施特罗布尔·埃里克[8]利用半参数回归分析对 EKC 的存在性进行了重新检验，发现环境恶化与国家富裕度之间没有呈现出

① STERN D I. The Rise and Fall of the Environmental Kuznets Curve［J］. World Development, 2004, 32（8）: 1419-1439.

② DINDA S. Environmental Kuznets Curve Hypothesis: A Survey［J］. Ecological Economics, 2004, 49（4）: 431-455.

③ WEYANT J P. EMF 19 Special Issue: Alternative technology strategies for climate change policy［J］. Energy Economics, 2004, 26（4）: 501-515.

④ DLIVEIRA C, ANTVNES C H. A Multiple Objective Model to Deal with Economy－Energy-Environment Interactions［J］. European Journal of Operational Research, 2004, 153（2）: 370-385.

⑤ TURNPENNY J, CARNEY S, HAXELTINE A. Developing regional and local scenarios for climate change mitigation and adaptation［C］. Part 1: A Framing of the East of England, Tyndall Centre for Climate Research, 2004.

⑥ TURNPENNY J, CARNEY S, HAXELTINE A. Developing regional and local scenarios for climate change mitigation and adaptation, Part 2: Scenario creation［C］. Tyndall Centre for Climate Research, Working Paper 67, 2005.

⑦ LEE C C. Energy Consumption and GDP in Developing Countries: A Cointegrated Panel Analysis［J］. Energy Economics, 2005, 27（3）: 415-427.

⑧ BERITNELLI L, STROBL E. The Environmental Kuznets Curve Semi-Parametrically Revisited［J］. Economics Letters, 2005, 88（3）: 350-357.

Inverted U-shaped Curve。拉扎雷托·A 等①采用系统分析和热力学方法对 3E 系统进行了分析，同时估算了工业废气产生的环境治理成本。申·何澈等②使用长期能源替代方案规划（Long-range energy alternatives planning，LEAP）模型分析了韩国使用填埋的废气发电对能源市场、发电成本和温室气体排放的影响。米曲、岛田等③以日本东京地区为例设立三种假定。克里斯·古德尔④以英国家庭为例，用数据形式展示未来家庭生活碳排放情景。爱德华·L. G. 和马修·K⑤利用碳排放量计算模型对美国较为典型大城市中心采暖、交通等方面的能耗进行了实证研究。而谷丽斯坦·埃达尔等⑥对土耳其长达 36 年的能源消耗与 GNP 的因果关系进行考察，则发现能源消耗与 GNP 之间存在双向因果关系。达格玛斯·A. S. 和巴克·T. S.⑦基于区域工业投入产出建立了耦合能源—环境—经济全球模型（Coupling an energy-environment-economy global Model，E3MG）。卢西亚诺·加

---

① LAZZARETTO A, TOFFOLO A, REINI M, et al. Four Approaches Compared on the TA-DEUS (Thermo Economic Approach to the Diagnosis of Energy Utility Systems) Test Case [J]. Energy, 2006, 31 (10-11): 1586-1613.

② SHIN H C, PARK J W, KIM H S, et al. Environmental and Economic Assessment of Landfill Gas Electricity Generation in Korea Using LEAP Model [J]. Energy Policy, 2005, 33 (10): 1261-1270.

③ SHIMADA K, TANAKA Y, GOMI K, et al. Developing a long-term local society design methodology towards a low-carbon economy: an application to Shiga prefecture in Japan [J]. Energy Policy, 2007, 35 (9): 4688-4703.

④ GOODALL C. How to live a low carbon live: individual's guide to stopping climate change [M]. London: Sterling, VA, 2007: 1-320.

⑤ GLAESER E, MATTHEW K. The greenness of city [J]. Rapport Institute Tubman Center Policy Briefs, 2008 (3): 1-11.

⑥ ERDAL G, ERDAL H, ESENGÜN K. The Causality between Energy Consumption and Economic Growth in Turkey [J]. Energy Policy, 2008, 36 (10): 3838-3842.

⑦ DAGOUMAS A S, BARKER T S. Pathways to a low-carbon economy for the UK with the macro-econometric E3MG model [J]. Energy Policy, 2010, 38 (6): 3067-3077.

利特·弗雷塔斯等[1]研究发现污染排放的主要驱动因素是经济活动以及人口压力，若家庭降低碳排放强度，国家能源结构向清洁能源方向发展，这对巴西城市减排作用较大。邱清仁等[2]运用全局 ML 指数测算了环境约束下世界多国全要素 Productivity 变化特征。陈宝林等[3]利用 1971 年至 2014 年期间 26 个经合组织国家的面板数据，调查国内生产总值（Gross Domestic Product，GDP）与能源消耗之间因果关系的阈值效应，实证结果表明：GDP 对能源消费的影响和能源增长因果关系的方向取决于 GDP 的初始值。

环境规制强度与外商直接投资的关系问题一直以来都是学术界关注的焦点。国外众多学者对此问题展开了激烈的争论，最终得出的结论也不尽相同。洛佩斯·拉蒙[4]研究发现环境污染特别是空气污染会通过国际贸易和境外直接投资的方式使环境污染从发达国家转移到发展中国家，从而使人均收入水平越高的国家处于 EKC 的下降段，而人均收入水平低的国家处于 EKC 的上升段。马里亚诺·托拉斯和詹姆斯·K. 博伊斯[5]从监督政府的角度发现扩大公民权利与增

[1] FREITAS L C D, KANEKO S. Decomposition of CO$_2$ Emissions Change from Energy Consumption in Brazil: Challenges and Policy Implications [J]. Energy Policy, 2011, 39 (3): 1495–1504.

[2] CHIU C R, LIOU J L, WU P I, et al. Decomposition of the Environmental Inefficiency of the Meta-Frontier with Undesirable Output [J]. Energy Economics, 2012, 34 (5): 1392–1399.

[3] TRAN B L, CHEN C C, TSENG W C. Causality between energy consumption and economic growth in the presence of GDP threshold effect: Evidence from OECD countries [J]. Energy policy, 2022, 251: 1–7.

[4] RAMÓN L. The Environment as a Factor of Production: The Effects of Economic Growth and Trade Liberalization [J]. Journal of Environmental Economics and Management, 1994, 27 (2): 163–184.

[5] TORRAS M, BOYCE J. Income, Inequality and Pollution: A Reassessment of the Environmental Kuznets Curve [J]. Ecological Economics, 1998, 25 (2): 147–160.

强民主监督有助于改善地方环境质量。王华和狄文华①通过实证分析发现地方政府对环境污染控制的动力主要来自辖区居民抱怨以及上级政府的干预，若本辖区居民对环境污染的投诉越多，上级政府对环境保护的重视程度越高，地方政府对环境污染的治理就越给力。沃尔夫冈·凯勒②研究认为外商直接投资的外资企业较本地企业而言在推动使用节能技术方面更具有积极性，从而加速发展中国家节能技术的推广。当前，我国在探讨行业层面的面板数据对环境规制强度和外商直接投资互动关系进行的实证研究尚属空白。马修·根茨科和杰西·M. 夏皮罗③研究发现美国关于环保问题的报道越来越多，从而使环境质量得到有效改善。纳西姆·索比亚等④研究温室气体排放与可再生能源、外国直接投资、总人口和贸易之间的关系，通过分析发现：总人口和贸易增加了温室气体排放。

　　生态环境不可能无限制地支撑人类的经济行为，因此才开启学者的研究兴趣。奥利·塔沃宁和杰瑞·古勒沃宁⑤将耗竭性资源、污染控制与可更新资源等重要环保议题纳入传统的拉姆齐（Ramsey）模型中，讨论生态环境与经济成长之间的关系。随着内生长理论

① WANG H, DI W H. The Determinants of Government Environmental Performance: An Empirical Analysis of Chinese Townships [R]. The World Bank, 2002.

② WOLFGANG K. International technology diffusion [J]. Journal of Economic Literature, 2004, 42 (3): 752-782.

③ GENTZKOW M, SHAPIRO J M. What Drives Media Slant? Evidence from U. S. Daily Newspapers [J]. Econometrica, 2010, 78 (1): 35-71.

④ NASEEM S, HU X H, MOHSIN M. Elongating the role of renewable energy and sustainable foreign direct investment on environmental degradation [J]. Heliyon, 2023, 9 (7): 1-10.

⑤ TAHVONEN O, KUULUVAINEN J. Optimal Growth with Renewable Resources and Pollution [J]. European Economic Review, 1991, 35 (2-3): 650-661.

（Endogenous Growth Theory） 的发展，直布罗陀·阿纳斯塔西奥斯①
借由这种新的成长理论来重新检视自然环境对于经济成长的影响。
这些研究的结论大多指出：若环境政策能够有效地改善民众的健康
状态、增强学习的能力与提高要素的生产力，将会产生所谓环境的
生产性价值，则环保政策可以在不伤害经济成长的前提之下，有效
地防止环境遭受到破坏。

在 21 世纪，由于知识经济持续快速发展，使其对国家、社会与
经济的影响与日俱增。然而，薪资所得亦可能受到工作经验或其他
因素影响，使得个体不完全单以教育投入提升其薪资所得。知识经
济持续快速发展，不同于以往工业经济时代以物质资源作为基础，
当下"知识"成为支撑国家经济成长的重要生产要素。另外在教育
报酬的观点下，塞拉哈廷·古里斯和埃布鲁·恰拉扬②认为个体提升
自身拥有的知识须奠定在期望未来可获得较高的薪资所得的基础上。

当国家的劳动者愿意投资教育支出以提升所得，即意味着该国
的 GDP 亦有所增长。胜矢泷井和隆一田中③以日本为例的研究指出，
在已开发国家，公共教育支出能够抚平国民所得不均的负面现象，
教育禀赋影响着国家经济的产出结构。安东尼奥·卡帕罗斯·鲁伊
斯等④探讨西班牙的人力市场，使用工具变量法，研究结果发现每当

① XEPAPADEAS A. Chapter 23 Economic growth and the environment [J]. Handbook of Environmental Economics, 2005, 3: 1219-1271.

② GÜRIŞ S, ÇAĞLAYAN E. Returns to Education and Wages in Turkey [J]. Robust and Resistant Regression, Quality & Quantity, 2012, 46: 1407-1416.

③ TAKII K, TANAKA R. Does the Diversity of Human Capital Increase GDP? A Comparison of Education Systems [J]. Journal of Public Economics, 2009, 93 (7-8): 998-1007.

④ RVII A C, GÓMEZ L N, NARVÁEZ M R. Endogenous Wage Determinants and Returns to Education in Spain [J]. International Journal of Manpower, 2010, 31 (4): 410-425.

受教育年数增加一年，其薪资平均增加 0.12%。伊隆·林恩①采用柯布—道格拉斯生产函数（Cobb-Douglas Production Function）估计模型系数探讨韩国教育与经济间的关系，结果发现教育平等对 GDP 有强烈影响。塔姆·邦·武等②对世界发展指标（World Development Indicators，WDI）搜集纵横断面资料，分析结果发现职业教育比一般的大学教育更能够促进国家经济的成长。阿德尔·伊法和伊梅娜·古塔特③采用自回归分布滞后模型（Autoregressive Distributed Lag Model，ARDL）法分析了 1980 年至 2015 年期间突尼斯和摩洛哥公共教育支出对人均 GDP 的影响，结果表明：短期内摩洛哥教育公共支出与人均国内生产总值之间的关系是正的，而突尼斯是负的；从长远来看，教育方面的公共支出有助于提高两国的人均国内生产总值，但摩洛哥的增长幅度比突尼斯更大。

　　国外对于高等教育与经济关系的研究相对较早，成果也相对丰富。早在 19 世纪 50 年代，美国著名经济学家西奥多·W. 舒尔茨（Theodore W. Schultz）通过调查研究发现科技、教育对经济增长的贡献的比重达到 80%，而物质投资仅仅只有 20%。理查德·R. 尼尔森和埃德蒙·S. 菲尔普斯④在 Theodore W. Schultz 等学者的研究基础之上通过分析美国 GNP 增长历年数据资料得出，教育是提高人力资

①　ILON L. Can Education Equality Trickle-Down to Economic Growth? The Case of Korea [J]. Asia Pacific Education Review，2011，12：653-663.

②　VV T B，HAMMES D L，IM E I. Vocational or University Education? A New Look at Their Effects on Economic Growth [J]. Economics Letters，2012，117（2）：426-428.

③　IFA A，GVETAT I. Does public expenditure on education promote Tunisian and Moroccan GDP per capita? ARDL approach [J]. The Journal of Finance and Data Science，2018，4（4）：234-246.

④　NELSON R R，PHELPS E S. Investment in Humans，Technological Diffusion，and Economic Growth [J]. American Economic Review，1966，56（1/2）：69-75.

本（Human Capital，HC）的重要手段之一，因此也是影响经济增长的主要因素。沃尔特·W. 麦克马洪①发现高等教育在改善健康、改善环境、增加身体锻炼投资、减少犯罪等方面对经济增长有间接也有直接的影响。克里斯托弗·A. 皮萨里德斯②研究发现40%的受教育人群能够通过培训、教育等方式以每年9%的增速提高收入。阿吉奥米尔贾纳尔蒂斯·G等③发现教育层次越高，教育的作用越能显现出来。安娜-玛丽亚·塞拉诺·贝迪亚和玛尔塔·佩雷斯·佩雷斯④对科学网数据库收集的77篇文章进行了分析，发现政府和行业正在认识到循环经济提供的机遇，并在启动可持续实践方面取得进展。奥列克西延科·阿纳托利·V⑤探讨了在苏联后期高等教育国际化的过程中，全球社会科学精英期刊如何处理话语困境，研究发现：在帝国主义日益抬头的情况下，俄罗斯仍然处于全球"声望经济"的边缘。

国外可持续发展研究：可持续发展（又称永续发展）概念是20世纪50年代至70年代末的萌芽阶段，此时世界正处于繁荣发展的黄金时代，发展中国家模仿西方的发展方式，为加快经济发展从而

① MCMAHON W W. The relation of education and R&D to productivity growth in the developing countries of Africa [J]. Economics of Education Review, 1987, 6 (2): 183-194.
② PISSARIDES C A. Human Capital and Economic Growth: A Synthesis Report [M]. DECD Development Centre Technical Papers, Paris: OECD, 2000: 7-168.
③ AGIOMIRGIANALTIS G, ASTERIOUS D, MONASTIRIOTIS V. Human capital and economic growth revisited: a dynamic panel data study [J]. International Advances in Economic Research, 2002, 8 (3): 177-187.
④ SERRANO-BEDIA A, PÉREZ-PÉREZ M. Transition towards a circular economy: A review of the role of higher education as a key supporting stakeholder in Web of Science [J]. Economics of Education Review, 2022, 31: 82-96.
⑤ OLEKSIYENKO A V. Geopolitical agendas and internationalization of post-soviet higher education: Discursive dilemmas in the realm of the prestige economy [J]. International Journal of Educational Development, 2023, 102: 1-36.

加速工业化进程。在发展过程中，一味追逐经济指标，致使大规模森林的毁坏、农田的沙漠化、河流与大气的污染等问题，20 世纪中叶前后"八大公害"事件就是最好的例证。美国生物学家蕾切尔·卡逊①出版了一部引起巨大轰动的科普著作《寂静的春天》（*Silent Spring*），标志着生态发展和环境保护的新纪元。以多奈拉·H. 梅多斯等②为首的罗马俱乐部成员在 1972 年提出一份轰动世界的研究报告《增长的极限》（*Limit of Growth*），该报告认为：如果世界人口、工业化、污染以及资源消耗等方式发展下去，那么此后百年内地球将会面临一场灾难性崩溃。为此，罗马俱乐部（Club of Rome）提醒人们要尽快采取行动，终止这种非正常发展状态，建立未来可持续的生态和稳定的经济状态。

1972 年 6 月在瑞典斯德哥尔摩市，有 113 个国家代表参加了联合国第一次人类环境会议，并通过《人类环境宣言》（*Declaration on the Human Environment*），最终确定每年 6 月 5 日为"世界环境日"。由于当时发展中国家经济比较落后，环境问题并不突出。在人类环境会议中只是强调已发展国家造成的污染，而并未把环境与人类经济和社会发展结合；因此，各国在解决环境问题上未能达成共识。尽管如此，斯德哥尔摩会议仍昭示着人类环境意识的觉醒，为研究和解决全球环境问题带来了新的曙光。

1980 年由国际自然保育联盟（International Union for the Conservation of Nature，IUCN，自 1990 年起改为"世界保育联盟"，World

---

① RACHEL C. Silent Spring [M]. New York: Scientific American, a division of Nature America, Inc., 1962: 11-39.

② MEADOWS D H, MEADOWS D L. The limits to growth [J]. New York, 1972, 102.

Conservation Union，但仍沿用原来的简称）、联合国环境规划署
（United Nations Environment Programme，UNEP）、世界自然基金会
（World Wildlife Fund，WWF）共同发表了《世界保育策略》（*World Conservation Strategy*），塔尔博特·L. M. ①着重强调"人类对生态圈的管理，让生态圈不仅能满足当代人类的最大持续利益，又能保持其满足后代需求与人类欲望的能力"。但由于当时人们认识上的局限性，对这项呼吁并未引起足够的重视。1980 年联合国大会首次使用"可持续发展"一词，呼吁全世界"必须研究自然的、社会的、生态的、经济的以及利用自然资源过程中的基本关系，以确保全球的可持续发展"。联合国在 1983 年 11 月成立了世界环境与发展委员会（World Commission on Environment and Development，WCED），其成员由来自科学、教育、经济、社会及政治方面的 22 名代表组成，并由当时的挪威首相格罗·哈莱姆·布伦特兰（Gro Harlem Brundtland）担任主席。

联合国要求该委员会以"可持续发展"作为基本纲领，制定"全球气候变化议程"，四年后该委员会提出《我们共同的未来》（*Our Common Future*）。该报告指出全球经济发展要符合人类的需要和合理的欲望，但成长又要符合地球的生态极限，委员会呼吁"环境与经济发展的新时代"的来临，并将可持续发展作为尝试调和环境及发展两个目标的踏脚石，当时该委员会接受了仍有许多人认为不够精准的可持续发展定义："满足当代之需要，而不损及后代发展

---

① TALBOT L M. The World's Conservation Strategy [J]. Environmental Conservation，1980，7（4）：259-268.

之机会"① （又称布伦特兰定义）。虽然全球开始重视经济发展与环境之间的关系，并提出相应对策；但是全球环境未得到显著改观，仍持续恶化。为此，联合国在 1992 年 6 月 3 日至 14 日在巴西里约热内卢召开联合国环境与发展大会（United Nations Conference on Environment and Development，UNCED），会议通过并签署了《关于环境与发展的里约热内卢宣言》等 5 个重要文件。此次会议对工业革命以来的"高产量、高消耗、高污染"之传统发展模式及"先污染后治理"的做法加以否定，可持续发展理念于此更加被普遍接受。

1996 年在土耳其伊斯坦布尔召开的"第二次人类集居地会议"②，会议重点是就"人人享有适当的集居地"及"城市化过程中人类集居地的可持续发展"进行全球化对话及讨论。从此之后，可持续发展的研究与履行不但成为全球各国在发展上优先研究的对象，更是制订发展计划时优先考虑的基本原则之一。

二、国内研究进展

在国内有关环境实证模型的研究中，高鹏飞等③通过建立碳排放模型，实证研究征收碳排放税对我国宏观经济（Macro Economy）的影响得出结论如下：征收碳税必将导致较大的 GDP 损失。张阿玲

① BRUNTLAND G H. World Commission on Environment and Development（WCED），Our Common Future［M］. Oxford：Oxford University Press，1987：1-91.
② MALLAREN V W. Urban Sustainable Reporting［J］. Journal of the American Planning Association，1996，62（2）：184-202.
③ 高鹏飞，陈文颖. 碳税与碳排放［J］. 清华大学学报（自然科学版），2002（10）：1335-1338.

等①提出了改进 3E 一体化模型运用于温室气体减排技术选择和减排对经济影响分析。王灿等②构建经济—环境—能源的动态模型，考察 CO_2 减排对中国部门经济的影响，在 3E 政策分析模块中，引入了 CO_2 排放量、能源政策变量、社会福利指标。崔和瑞和王娣③通过建立 3E 的 VAR 模型对总能源消耗、GDP 与 SO_2 排放量进行预测，采用脉冲响应功能和方差分解对 3E 三者的动态关系进行了分析。陶玉国等④基于替代式自下而上的机制的研究，运用感应法与变异系数，其研究结果表明：飞机和自驾车共占排放量的 71.64%；旅游公共交通的碳排放比例远高于全球平均水平的"中式风格（Chinese Style）"烙印。段进军等⑤采用基于超效率和弛豫的测量（Super Efficiency And Relaxation-based Measurement，Super-SBM）模型与面板门槛模型测验环境规制对工业绿色创新效率的影响机理，发现中国工业绿色创新效率整体上呈现上升趋势，并表现出"东高西低、南高北低"的空间分异特征。赵菲菲和卢丽文⑥在对环境库兹涅茨曲线存在性进行验证的基础上，引入多元参与的环境治理体系作为调节变量进行实证分析，结果表明：多元参与主体均能实现对环境库

---

①　张阿玲，郑淮，何建坤. 适合中国国情的经济、能源、环境（3E）模型 [J]. 清华大学学报（自然科学版），2002（12）：53-37.

②　王灿，陈吉宁，邹骥. 基于 CGE 模型的 CO_2 减排对中国经济的影响 [J]. 清华大学学报（自然科学版），2005（12）：1621-1624.

③　崔和瑞，王娣. 基于 VAR 模型的我国能源—经济—环境（3E）系统研究 [J]. 北京理工大学学报（社会科学版），2010，12（1）：23-28.

④　陶玉国，黄震方，史春云. 基于替代式自下而上法的区域旅游交通碳排放测度研究 [J]. 生态学报，2015，35（12）：1-14.

⑤　段进军，姚孟超，黄奕. 环境规制对工业绿色创新影响的实证检验 [J]. 统计与决策，2022，38（16）：157-162.

⑥　赵菲菲，卢丽文. 环境治理视角下环境库兹涅茨曲线的实证检验 [J]. 统计与决策，2022，38（20）：174-178.

兹涅茨曲线陡缓水平和拐点位置的调整，产生"峰值下降"和"拐点下降"双重效应。曾福生和邓颖蕾[①]运用熵值法、耦合协调度模型以及耦合演化模型测度湖南省农业经济发展与生态环境系统综合评价指数，其研究结果表明：2009年至2021年，湖南省农业碳排放总量呈现先增后降的趋势，下降速度不断加快，农业绿色低碳特点显著。

众所周知，经济增长是人类社会进步与发展的阶梯。张丽峰[②]提出建立的约束自然单元法（The Constrained Natural Element Method，CNEM）以及能源预测模型（Energy Prediction Model，EPM），在建立能量模型系统方面进行了可喜的尝试。然而，能源消耗造成的空气污染越来越严重。20世纪80年代以后，中国逐渐在环境和经济问题的研究方面投入更多的人力、物力和财力。陈军[③]根据中国国情结合3E系统的研究方法和手段，展开了一系列3E系统问题的研究，这些研究为能源环境战略和政策的科学制定提供了方法借鉴和理论准备。刘海莺和赵莹[④]采用格兰杰因果检验（Grainger Causality Test）以及协整分析对1990年至2009年中国经济增长与能源消费之间的动态关系进行了实证分析，结果发现GDP是引起能源消费变化的Grainger因果，但能源消费对经济增长的Granger因果关系显著性相

① 曾福生，邓颖蕾. 农业经济发展与生态环境系统的耦合协调关系——基于湖南省绿色低碳发展的实证［J/OL］. 吉首大学学报（社会科学版），2024，45（4）：126-136.

② 张丽峰. 中国能源供求预测模型及发展对策研究［D］. 北京：首都经济贸易大学，2006.

③ 陈军. 中国非可再生能源战略评价模型与实证研究［D］. 武汉：中国地质大学，2008.

④ 刘海莺，赵莹. 能源消费与中国经济增长关系的实证分析［J］. 统计与决策，2011（3）：128-129.

对较差。徐春华和刘潇南①通过构建面板向量自回归模型（Panel Vector Auto Regression，PVAR）实证研究发现：在发达国家中，劳动复杂程度的提高未能对其经济增长产生显著的正向影响；在非发达国家中，显著存在着劳动复杂程度增长率与经济增长之间的双向交互作用。齐丹②基于扩展的空间索洛-斯旺（Solow-Swan）模型对空间经济增长进行了时空动力学分析，研究结果表明：一个省份的经济增长率与相邻省份的储蓄率、人口增长率、科技进步率和折旧率无关，与经济增长率有关；而其经济稳态水平会受到相邻省份储蓄率、人口增长率、科技进步率和折旧率的间接影响。

系统可持续发展的目标之一就是在各个子系统之间建立一种稳定的协调发展状态。因此，关于 3E 系统的协调度评价成为 3E 增长研究的主要内容，众多学者根据自己的专长做了大量相关工作。杜慧滨和顾培亮③通过建立 3E 系统演化模型，探讨系统与外部环境之间、子系统之间和子系统与外部环境之间的相互关系以及内部协调发展机制。赵芳④借助主成分分析和模糊数学隶属度对中国 2000 年至 2007 年间 3E 系统协调度进行测算，结果表明：3E 系统协调度处于弱协调状态；能源与经济处于轻度不协调等级，能源与环境属弱协调等级。刘华军等⑤利用 3E 绩效评价思路定量考察了减污降碳协

① 徐春华，刘潇南. 劳动复杂程度与经济增长 [J]. 财经科学，2022（9）：58-74.
② 齐丹. 空间 Solow-Swan 模型对空间经济增长的时空动力学分析 [D]. 银川：北方民族大学，2023.
③ 杜慧滨，顾培亮. 区域发展中的能源—经济—环境复杂系统 [J]. 天津大学学报（社会科学版），2005（5）：44-47.
④ 赵芳. 中国能源—经济—环境（3E）协调发展状态的实证研究 [J]. 经济学家，2009（12）：35-41.
⑤ 刘华军，乔列成，郭立祥. 减污降碳协同推进与中国 3E 绩效 [J]. 财经研究，2022，48（9）：4-17，78.

同推进对中国 3E 系统及子系统绩效的影响，研究结果表明：样本考察期内减污降碳协同推进推动中国 3E 系统整体绩效实现年均 0.91% 的增长。杜泽涛[①]通过熵权法与耦合度模型对绿色发展协调度进行实证分析，并对黄河流域进行了 3E 之间的综合发展评价。

彭水军和包群[②]采用省际面板数据对中国经济增长与包括水污染、空气污染在内的 6 类环境污染指标之间的关系进行了经验检验，结果表明：经济增长与环境污染之间的关系有 U-shaped、inverted U-shaped 和 N 型（N-shaped）等多种形式，Environment Kuznets inverted U-shaped curve 在很大程度上取决于污染指数以及估计方法的选取。EKC 被提出后，部分学者从生产规模、经济结构、技术水平、贸易等视角对 EKC 的形成动因进行了分析。高宏霞等[③]的研究证实了 Inverted-U curve 的存在，也有部分研究对 Inverted-U curve EKC 的认识提出疑问。

雷明[④]利用投入产出模型核算进行了一系列的分析。通过计算资源使用、排放和资源回收、污染控制数据，设计出相对完整的资源—能源—环境—经济综合投入产出表，建立资源—环境—经济的绿色国民经济核算体系，对中国的 3E 状况进行了分析和预测。不少学者还将 3E 与相关规划模型相结合，应用到 GDP 分析及相关经济政策的仿真。李林红等[⑤]运用多目标投入产出模型对滇池流域经济与

① 杜泽涛. 黄河流域 3E 系统绿色发展评价研究 [J]. 智慧中国，2023（8）：67-68.
② 彭水军，包群. 经济增长与环境污染——环境库兹涅茨曲线假说的中国检验 [J]. 财经问题研究，2006（8）：3-17.
③ 高宏霞，杨林，王节. 经济增长与环境污染关系的研究——基于环境库兹涅茨曲线的实证分析 [J]. 云南财经大学学报，2012，28（2）：70-77.
④ 雷明. 绿色国内生产总值（GDP）核算 [J]. 自然资源学报，1998（4）：33-39.
⑤ 李林红，介俊，吴莉明. 昆明市环境保护投入产出表的多目标规划模型 [J]. 昆明理工大学学报（自然科学版），2001（1）：102-104，109.

环境协调发展的问题做了分析。姜涛等[1]基于动态投入产出原理建立了可持续发展多目标最优规划模型，分析资源—能源—环境—经济相互之间的作用和影响并模拟我国中长期可持续发展状况。

从国内外相关文献的分析中可以看出，计量经济学软件与计算机辅助决策支持系统在 3E 系统可持续发展的研究中应用广泛，一般均衡（Computable General Equilibrium，CGE）模型、投入产出模型、定性和定量相结合的系统集成模型的建立与使用，使区域 3E 系统协调发展的研究方法不断更新和完善。

国内对 3E 理论的介绍与模型的改进方面，也在不断探索和实践。大陆学者对生态足迹的研究起步比较晚，成果主要集中于应用领域。薛若晗[2]基于传统生态足迹模型和三维生态足迹模型测算了福建省 2008 年至 2017 年人均耕地生态足迹，发现福建省耕地资源的利用为不可持续发展状态。郝帅等[3]基于探索性时空数据分析法（Exploratory Spatiotemporal Data Analysis Method，ESTDA）对中国水生态足迹及水生态压力进行了评价分析，研究结果表明：中国水生态足迹总量呈波动上升态势，水生态承载力波动幅度较大，空间分布格局整体呈现自东南向西北逐渐较少的趋势。户国辉[4]基于向量自回归模型（Vector Autoregressive Model，VAR）对中国工业 3E 系统进

① 姜涛，袁建华，何林，等 . 人口—资源—环境—经济系统分析模型体系 [J]. 系统工程理论与实践，2002（12）：67–72.
② 薛若晗 . 基于三维生态足迹模型的福建省耕地资源评价 [J]. 安徽农业科学，2019，47（19）：59–62.
③ 郝帅，孙才志，宋强敏 . 基于 ESTDA 模型的中国水生态足迹及水生态压力评价 [J]. 生态学报，2021，41（12）：4651–4662.
④ 户国辉 . 基于 VAR 的中国工业 3E 系统动态关系研究 [D]. 北京：华北电力大学，2022.

行分析，研究结果表明：国内经济发展在一定程度上依赖煤炭的消费，而煤炭的消费是中国碳排放增加的主要影响因素。台湾地区学者蔡蕙安①基于 EKC 模型的概念配合永续发展指标，分析台湾南区 8 县市中经济发展指标与环境质量指标的关系，据以提供其未来发展经济与改善经济质量的参考。

面对社会经济系统对能源的需求与生态系统对能源供给之间日益增大的供求矛盾，能源环境问题已经被纳入资源—环境—经济的综合分析系统中。蒋金荷和姚愉芳②研究发现参数的设定和基线情景的各种假设通常与中国实际情况有所差异，影响其应用的可信度。不同区域自然环境条件不同，经济发展阶段、产业结构以及经济增长方式也各不相同，因而结论的显著性分析可能会削弱。王长征和刘毅③认为 3E 系统所建立的指标系统没有跳出传统的可持续发展指标体系框架。有的指标与模型还是多层次、多指标的罗列，多数情况下只是采用单一或各种具体指标代表 3E 整体发展水平的高低。赵芳④研究发现由于受数据获取、信息等不确定因素的影响，对于污染物所产生的环境代价的损失还很难进行准确估量。然而，王德发等⑤认为外部资源输入元素效益评估的缺失或错误将直接导致资源配置的不科学、不合理。客观有效地衡量环境成本成为协调 3E 发展的重

---

① 蔡蕙安. 南台湾产业结构调整与永续经济发展 [J]. 都市与计划, 2007 (4)：317-341.

② 蒋金荷, 姚愉芳. 气候变化政策研究中经济—能源系统模型的构建 [J]. 数量经济技术经济研究, 2002 (7)：41-45.

③ 王长征, 刘毅. 经济与环境协调研究综述 [J]. 中国人口·资源与环境, 2002 (3)：32-36.

④ 赵芳. 能源—经济—环境非协调发展原因的经济学解释 [J]. 中国人口·资源与环境, 2008 (4)：67-72.

⑤ 王德发, 阮大成, 王海霞. 工业部门绿色 GDP 核算研究：2000 年上海市能源—环境—经济投入产出分析 [J]. 财经研究, 2005 (2)：66-75.

要途径，也是未来亟待解决的重要课题。

中国教育经济学的研究相对较晚，孙绍荣①采用回归分析法对全球高等教育与 GDP 进行相关性、回归等关联分析，得到入学率与人均的回归模型，借此运用到国内高等教育与经济增长、产业结构变化等分析内容上。崔玉平②通过改善了的丹尼森和麦迪逊的算法，证实每年中国教育对经济增长速度的贡献仅为 8.48%，而高等教育贡献更少，仅为 0.48%。马骁和徐浪③通过运用复杂劳动简化法对教育创造 GDP 的增量进行测算，计算得到了 1990 年至 1998 年东西部地区教育对经济增长的贡献。王家赠④开创性地提出了居民中教育水平和平均受教育程度的分布两个指标。刀福东等⑤等通过研究劳动简化比系数从而得到云南省教育对经济增长的贡献额。王宇和焦建玲⑥通过对国内人力资本与经济增长进行协整分析和因果关系检验，发现各教育变数与 GDP 存在长期的协整关系。靳希斌⑦通过研究证实在 1952 年至 1978 年间教育对经济增长的贡献率为 20.9%。吴新林和陈诗雨⑧以 2012 年至 2021 年间国内生产总值与全国教育经费的数

① 孙绍荣. 高等教育入学率与人均国民生产总值的关系：兼评《世界教育报告》中的有关结论 [J]. 高等师范教育研究，1997（2）：5-9.
② 崔玉平. 中国高等教育对经济增长率的贡献 [J]. 北京师范大学学报（人文社科版），2000（1）：31-37.
③ 马骁，徐浪. 我国高等教育对经济增长贡献的数量研究 [J]. 国际商务（对外经济贸易大学学报），2002（3）：60-65.
④ 王家赠. 教育对中国经济增长的影响分析 [J]. 上海经济研究，2002（3）：10-31.
⑤ 刀福东，李兴仁，王天玉. 教育对经济增长贡献的计量分析——以云南省为例 [J]. 学术探索，2004（2）：51-54.
⑥ 王宇，焦建玲. 人力资本与经济增长之间的关系研究 [J]. 管理科学，2005（1）：31-39.
⑦ 靳希斌. 教育经济学 [M]. 北京：人民教育出版社，2011：17-41.
⑧ 吴新林，陈诗雨. 一元线性回归模型在教育经济预测中的应用 [J]. 湖北第二师范学院学报，2023，40（8）：25-30.

据为样本构建了关于 GDP 与全国教育经费之间的一元线性回归模型。

教育从经济学角度的相关文献中可以看出，人力资本作为研究教育与经济之间关系的纽带，人力资本理论的发展从本质上揭示了教育对区域经济发展的影响机制。历史因素造成了各区域存在着区域高等教育与经济发展资源的不平衡性，在促进区域均衡发展方面，如何配置区域高等教育资源与经济资源要素并产生互促互进的良性循环，成了促进当地经济发展的最为长效手段之一。

国内可持续发展研究：中国的可持续发展研究始于 20 世纪 80 年代中期，几乎与国际同步，主要以马世骏、牛文元为代表。1985 年马世骏院士出席哥本哈根会议之际参与了世界第一份可持续发展宣言书 *Our Common Future* 的起草。1992 年中国总理参加了在巴西里约热内卢举行的世界环境与发展大会之后，中国在 1994 年率先制定了《中国 21 世纪议程》。从此之后，我国就把可持续发展战略作为国家的基本策略，各级地方政府也都把实施可持续发展作为本地经济社会发展的一个重要战略，并成立了组织机构和研究机构。相关研究成果也不断涌现，那书晨[1]对比较典型的成果进行了相关整理，如《中国可持续发展战略报告》《中国中部区 21 世纪持续发展》《区域可持续发展的理论与对策》等，有力地促进了可持续发展理论研究和实证研究的发展。

目前，国内运用指数测算绿色发展的成果并不多，仅有北京师范大学科学发展观与经济可持续发展研究基地发起研究的中国绿色

---

① 那书晨. 河北省经济可持续发展评估与战略研究 [D]. 天津：河北工业大学，2008.

发展指数。刘国光①认为绿色经济是建立在资源回收、小规模环境污染、生态系统与经济系统能协调发展的经济。胡鞍钢②认为绿色发展就是强调经济发展与环境保护的统一和协调。牛文元③指出绿色发展是国家的新陈代谢、经营机制和行为模式等不以损害和降低生态环境的承载能力、危害和牺牲人类健康幸福为代价，以实现生产、生活与生态三者互动和谐的经济。许宪春④认为绿色发展是以保护和改善生态环境为前提，以珍惜并充分利用自然资源为主要内容，以经济—社会—环境协调发展的一种平衡式经济。王凯风⑤借助方向性距离函数、包含碳排放因素的全局曼奎斯特－龙伯格（Global Malmquist-Luenberger，GML）指数对广东省绿色发展绩效进行测算，发现 2003—2017 年间广东实现了比率约 74.0% 的总体增长。

但到目前为止，运用指数测算绿色发展的成果不多。近年来中国在生态建设与绿色生产过程中逐渐取得成效，导致绿色经济发展整体呈上升趋势。但在绿色发展测评过程中发现，无论是生产还是消费，对资源环境的外部性影响主要依靠政府治理，而政府治理外部性作用有限。在区域经济绿色发展研究中，向书坚和郑瑞坤⑥认为当前绿色理论研究进展缓慢，研究内容单一，无法克服经济转型理

---

① 刘国光．对当前我国经济形势和宏观调控的看法［J］．经济学家，1999（4）：3-7.
② 胡鞍钢．中国绿色发展与绿色革命［J］．中国绿色画报，2008（11）：16-17.
③ 牛文元．资源消耗大国的低碳谋略［J］．国土资源导刊，2010，7（1）：56-59.
④ 许宪春．绿色经济发展与绿色经济核算［J］．统计与信息论坛，2010，25（11）：20-23.
⑤ 王凯风．广东省绿色发展绩效的动态变化与空间分异研究——基于碳排放视角下的 Global Malmquist-Luenberger 指数测算［J］．海峡科技与产业，2021，34（9）：29-33.
⑥ 向书坚，郑瑞坤．中国绿色经济发展指数研究［J］．统计研究，2013，30（3）：72-77.

论的主题和组成部分之间的分裂和孤立，如不能正确区分社会发展与绿色发展的差别，将绿色发展指标体系等同于社会发展指标体系；有些评价侧重于经济，有些侧重于环境，有些侧重于人才；现有的模型仅重视发展水平或发展现状的评价，忽视了发展能力的评估，缺乏行之有效的预警与调控功能，无法实现有效的动态评价，甚至与定性分析也无太大差异。因此，迄今为止，什么样的发展是区域经济绿色发展，并没有公认的、具体的、可靠的动态评估方法。上述问题的解决，对实施区域经济绿色发展具有十分重要的战略意义。但是，鉴于上述问题的复杂性，需要综合多学科知识，投入人力与财力进行进一步探索和研究。

第三节　内容及技术路线

一、研究内容与主要目标

1. 研究内容

（1）区域经济绿色发展的指标体系研究。对国内外相关领域已有的评估模型进行分析研究，结合问卷调查结果，对影响区域经济绿色发展的主要因素进行分析，以及对现有指标归类与整合，从而建立符合区域经济绿色发展的指标体系（注：不同区域因自然资源禀赋不同，随时间推移，指标也会发生相应变化；因此，指标体系除共有的静态指标之外，还包含特定区域、特定时间环境的动态指标）。

（2）区域经济绿色发展的评估模型及标准研究。通过技术接受模型（Technology Acceptance Model，TAM）和组织情境变量的概念路径模型，对影响区域经济发展的因素进行了评价。收集数据，用统计产品与服务解决方案（Statistical Product and Service Solutions，SPSS）软件进行回归分析。最后用结构方程模型（Structural Equation Modeling，SEM）中最具代表性的国际商业机器公司统计产品和服务解决方案协方差结构分析（International Business Machines Corporation on Statistical Product and Service Solutions for Analysis of Covariance Structures，IBM SPSS Amos）对模型进行检验。在参考国内相关资料的基础上，建立区域经济绿色发展的动态评估模型及标准。

（3）区域经济绿色发展的对策建议研究。在现有评价体系和方法还存在诸多问题的情况下，须建立对经济发展具有预警和调控功能的动态评估模型。将建立的动态评估模型应用于区域经济发展，据此可以提出有针对性的、有效的区域经济绿色发展方案及建议。

2. 研究目标

（1）理论目标：以经济学理论分析为基础，结合统计学、社会学等学科理论与方法，分析区域经济绿色发展的内涵、影响因素及发展机制，形成跨学科研究区域经济绿色发展的新领域。

（2）实践目标：通过对国内外相关文献资料的搜集与整理，找出已有模型的缺点与不足；制作问卷调查材料，进行问卷调查研究，统计分析调查问卷结果，获得各指标参数的权重，确定人才环境评估模型的相关参数。

（3）关键目标：借助数学方法，综合运用统计学、社会学等学科理论与知识，研究各因素对区域经济绿色发展的影响规律，从而获得区域经济绿色发展的动态评估模型，并建立相应的评估标准。同时，根据研究结果提出具有针对性、可行性的区域经济绿色发展建议供政府决策参考。

二、研究思路与技术路线

本书拟采取系统综述、规范分析及跨学科研究。

（1）系统综述。运用系统综述方法，对国内外相关领域现存的研究成果进行系统梳理，不仅可以学习、借鉴前人的研究结论与研究方法，而且可以寻找当前研究存在的不足，为后续研究提供突破口。

（2）规范分析。采用规范分析方法对区域经济绿色发展的内涵以及影响其发展的相关因素进行探讨，形成区域经济绿色发展的分析框架。

（3）跨学科研究。本书涉及统计学、社会学等多个领域。尝试结合多领域的分析方法，相互借鉴互相补充，对区域经济绿色发展进行探索性研究，以便达到预期目标。

为了经济的可持续增长，本书从环境切入，根据自然资源、企业引入与发展、资源的利用率、人才引进、教育投入、政府政策导向和其他因素来分析它们对经济发展的影响。融合社会学、统计学等相关分析方法，以不同视角分析经济发展中自然环境、人才环境的作用，突破传统经济学中从经济到经济工具的分析法局限，因此本书具有学术价值与先进性。技术路线见图1-1。

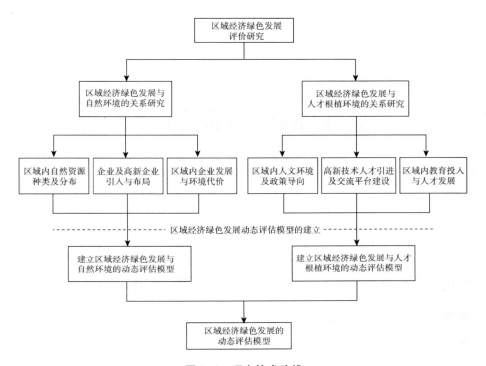

图1-1 研究技术路线

第二章　区域经济绿色发展相关理论

区域经济是在一定区域内经济发展的内部因素与外部条件相互作用而产生的生产综合体。区域经济是一种综合性的经济发展的地理概念，它反映区域性资源开发和利用的现状及其问题，主要表现在地区生产力布局的科学性和经济效益上。如何实现区域绿色发展，直接关系到国家宏观经济平稳健康。我国区域发展存在着哪些问题？主要体现在高能耗、高排放、高污染，经济社会发展不平衡、经济发展受到资源与环境的约束加剧等方面。

第一节　区域发展理论溯源分析及释义

随着社会经济的发展、城市化进程与工业化进程的加快，在人类对资源的开发过程中持续产生了一系列生态环境问题，人类的生存与发展面临严峻挑战。在生态环境问题日益严峻的形势下，人类面临的首要和核心问题是生存与可持续发展。一直以来，国内外学术界对区域经济发展相关问题的研究如日方升。

一、生态价值理论

能值（Energy value）作为连接生态系统（Ecosystem）与社会经济系统（Socioeconomic system）的桥梁，一经提出，便被经济学界与生态学界给予了高度重视，能值的理论与应用研究不可避免地成为经济界研究的焦点。能值将不同质、不同量的能量统归于能值，打破了"能位垒（Energy Barrier）"，成为不同质、不同量的能量的统一衡量尺度。能值天然的统一性，客观反映生态系统资源功能价值和生态服务价值两方面价值，规范生态系统价值评估。国内外有关能值研究文献的定义都采用了安·玛丽·詹森等[1]对能值的最初定义，即"流动或储存的能量所包含另一种类别能量的数量，称为该能量的能值"。安·玛丽·詹森等对能值在经济系统中还做了进一步的解释，即资源、产品或劳务形成过程中直接或间接投入应用的一种有效能总量，就是其所具有的能值。迪法拉·S. M.[2]认为任何形式的能都可以由太阳能来衡量，运用能值转换率将流动或储存在生态自然系统和生态经济系统的不同质和不同量的能量转化为统一标准的太阳能值，反映与比较生态系统中不同等级的能量的真实价值与贡献，能值转换率的大小也从本质上揭示了不同资源能量、商品劳务和技术信息等存在价值差别的根本原因。

马克·布朗和塞尔吉奥·乌尔贾蒂[3]从全球、佛罗里达州局部地

① ANN M J, MONICA H, SANDRA K, et al. Investing in natural capital [M]. Covelo: Island Press, 1994: 200-213.
② DHIFALLAH S M. Agroecological-economic system of Tunisia: an emergy analysis approach [J]. Transactions on Ecology and the Environment, 1997, 16 (2): 14-16.
③ BROWN M T, VLGIATI S. Emergy evaluation of the biosphere and natural capital [J]. AMBIO, 1999, 28 (6): 486-493.

区、当地公共事业用水与家庭用水四个维度估测了水资源的能值，探索了水资源的能级结构。塞尔吉奥·乌尔贾蒂和马克·布朗[①]对能值与生态多样性的内在联系做了全面的研究，指出生态系统结构和功能体现在系统各个元素的能值流动和能值转换率的变化中。里卡多·恩里克·维加·阿扎马尔等[②]将能值分析应用于加拿大蒙特利尔市的小岛的可持续发展研究，合理确定有利于城市可持续发展的经济发展结构。

　　能值分析理论自 20 世纪 90 年代引入我国，受到生态学界与政策制定者的高度关注。近年来，不少学者从事能值研究，取得丰硕的成果。孙洁斐[③]对福建武夷山自然生态保护区的生态系统服务功能价值做了系统的能值分析，揭示了该自然生态保护区巨大的生态经济价值，并提出了相关建议。吕翠美[④]从核算角度对水资源的经济价值、社会价值与生态环境调节价值具体核算做出了详细解释。李丽锋等[⑤]从固碳、蓄水、净化空气、降解污染和生物栖息地等服务类型计算了调节价值。齐雪艳等[⑥]从对环境的积极影响与消极影响展开对

① VLGIATI S, BROWN M T. Emergy and ecosystem complexity [J]. Communications in Nonlinear Science and Numerical Simulation, 2009, 14 (1): 310-321.

② VEGA-AZAMAR R E, GLAVS M, HAVSLER, et al. An emergy analysis for urban environmental sustainability assessment, the Island of Montreal, Canada [J]. Landscape and Urban Planning, 2013, 118: 18-28.

③ 孙洁斐. 基于能值分析的武夷山自然保护区生态系统服务功能价值评估 [D]. 福州: 福建农林大学, 2008.

④ 吕翠美. 区域水资源生态经济价值的能值研究 [D]. 郑州: 郑州大学, 2009.

⑤ 李丽锋, 惠淑荣, 宋红丽, 等. 盘锦双台河口湿地生态系统服务功能能值价值评价 [J]. 中国环境科学, 2013, 33 (8): 1454-1458.

⑥ 齐雪艳, 吴泽宁, 管新建. 基于能值理论的燕山水库环境影响评价 [J]. 水电能源科学, 2013, 31 (4): 129-132.

燕山水库的能值分析研究。王玲和何青①给出了能值理论的相关概念（见表2-1）。

表2-1　能值分析的相关基本概念

术　语	定　义
太阳能值	能源、产品或服务形成所需要直接或间接投入的太阳能总量（单位：sej）
有效能	具有做功能力的潜能，其数量在转化过程中减少（单位：J或kcal等）
能值转换率	单位某种类别的能量（单位：J）或物质（单位：g）所含能值的量（单位：sej/J或sej/g）
太阳能值转换率	形成单位能量（物质）直接或间接需要的太阳能值的量（单位：sej/J或sej/g）
能值功率	单位时间内的能值流量（单位：emjoules/a）
太阳能值功率	单位时间内的太阳能值流量（单位：sej/a）
能值/货币比率	与单位货币相当的能值量：由一个国家年能值总量除以当年GDP而得（单位：sej/＄）
能值—货币价值	能值相当的市场货币价值，即以能值衡量财富的价值，又称宏观经济价值
能量转化等级	宇宙中的能量组织呈能量转化等级关系。各种能量所处的级别位置由能值转换率多少而定

二、永续发展理论

永续发展（Sustainable Development）又称可持续发展。该词最早是由国际自然和自然资源保护联盟、联合国环境规划署及世界野生动物基金会三个国际保育组织在1980年出版的《世界保育策略》（*World Conservation Strategy*）中提出。在同年3月，联合国大会向全

---

① 王玲，何青. 基于能值理论的生态系统价值研究综述［J］. 生态经济，2015，31（4）：133-136.

球发出呼吁：必须研究自然、社会、生态、经济以及利用自然资源体系中的基本关系，确保全球永续发展。永续发展需人类社会追求公平，除了同一世代之中的公平，还要追求世代间的公平。既要满足当代的需求，同时又不损及后代满足本身需求的能力；在提升和创造当代福祉的同时也不能以降低或牺牲后代福祉为代价。永续发展要以善用所有生态体系的自然资源为原则，不可压缩环境资源存量；在利用自然生态体系时，仍须维持整个系统永续不息。与此同时，应该维持生态的完整性，强调人类生产及生活方式要与地球承载力保持平衡，确保地球生物及人文的多样性。

永续发展是涉及经济、社会、环境等领域的一个综合概念，以自然资源的可持续利用和良好的生态环境为基础，以经济的可持续发展为前提，并以谋求社会的全面进步为目标。永续发展须先考虑区域基本的环境承载能力，在实践性、社会发展与生活质量之间求取平衡，制订相对完善的规划，实现良性发展。永续发展作为一个实践过程，并非在一个永续性的蓝图中对一个静止状态进行描述；永续发展也是一个全球化过程，在追求永续目标时必须紧扣对于当前全球性贫穷问题的解决；作为一个全面性的变迁过程，不仅须在技术及经济层面上做改变，同时也须在法律、文化层面上做大幅度的变革。

中国的可持续发展研究始于 20 世纪 80 年代中期，几乎与国际同步，主要以马世骏、牛文元为代表。1985 年马世骏院士出席哥本哈根（Copenhagen）会议之际参与了世界第一份可持续发展宣言书 *Our Common Future* 的起草。1992 年中国总理参加了在巴西里约热内卢举行的世界环境与发展大会之后，中国在 1994 年率先制定了《中国 21 世纪议程》。从此之后，我国就把可持续发展战略作为国家基本战略，各级地方政府也都把实施可持续发展作为本地经济社会发展的一个重要战略，并成立了组织机构和研究机构。相关研究成果也不断涌现，那书晨①对比较典型的成果进行了相关整理，如《中国可持续发展战略报告》《中国中部区 21 世纪持续发展》《区域可持续发展的理论与对策》等，有力地促进了区域可持续发展理论研究和实证研究的发展。

国际环境问题科学委员会（Scientific Committee on Problems of the Environment，SCOPE）提出包括经济、社会、环境等多项指标的可持续发展指标体系（详见表 2-2）②。这一指标体系表明：可持续发展坚持以人为本理念，在环境友好的前提下发展经济可实现社会公平和改善人民生活条件。

表 2-2　SCOPE 提出的可持续发展指标体系

经　济	社　会	环　境
经济增长	失业指数	资源净消耗
存款率	贫困指数	混合污染
收支平衡	居住指数	生态系统风险/生命支持
国家债务	人力资本	对人类福利影响

可持续发展揭示了"发展、协调、持续"的系统本质；可持续发展反映了"动力、质量、公平"的有机统一；可持续发展创建了"和谐、稳定、安全"的人文环境；可持续发展体现了"速度、数量、质量"的经济运行。

---

① 那书晨. 河北省经济可持续发展评估与战略研究［D］. 天津：河北工业大学，2008.
② OECD，GSE. OECD Core Set of indicators for Environmental Performance Reviews［M］. Paris：environment monograph，1993：3-254.

三、绿色发展理论

在工业革命以前，生态问题并不凸显，人与自然处在一种基本和谐的状态下。① 其主要原因在于人类的生产能力低下，人口稀少，所以对自然的破坏力也很小，自然完全可以依靠自身的修复能力抵消人类对它的破坏。在工业革命后，随着工业，特别是重工业的发展，人类对自然的索取加剧，无休止地开发自然资源，造成了空气污染、水质恶化、森林覆盖减少、土地沙漠化等一系列生态环境问题。为此，党的十八大报告明确提出，将生态文明建设融入中国特色社会主义建设的"五位一体"总体布局中。随后，中共十八届五中全会首次提出创新、协调、绿色、开放、共享的新发展理念，更强调了绿色发展。

绿色发展是以效率、和谐、可持续为目标的经济增长和社会发展方式，其本质是处理好发展中人与自然的关系。当今世界，绿色发展已经成为一个重要趋势，许多国家把发展绿色产业作为推动经济结构调整的重要举措，突出以人与自然和谐为价值取向，以绿色、低碳、循环为主要原则，以生态文明建设为基本抓手。这也涉及中国发展的一个基本问题，就是我们要发展什么样的现代化？过去总是强调"发展才是硬道理"，但是盲目地追求发展还会产生"发展悖论"。过去与发展不直接相干甚至相悖的生态保护，今天必须与发展统一起来，形成紧紧结合在一起的复合概念——绿色发展。

---

① 文魁. 一场关系发展全局的深刻变革 [N]. 北京日报，2015-11-30（6）.

第二节　区域经济绿色发展内涵与外延

人类社会经历了原始文明、农业文明、工业文明，当下正处于工业文明向生态文明演进的转型时期。因此，当前经济发展理念应该顺应历史的潮流，从循环发展、低碳发展向绿色发展转变。[①]

一、区域经济循环发展

近年来，国内经济界学者对循环经济的发展问题进行了一系列的研究与探讨。毛志锋[②]认为 20 世纪六七十年代工业文明使人类为此付出了惨重的资源与环境代价并制约着社会经济的发展。循环经济缺乏有效的区域宏观层面上的实践，仅浮于表面或流于形式，无法可依现象依然突出。秦嗣毅和郝冰[③]研究认为循环经济是以资源的高效循环利用为核心的人与自然和谐的生态经济模式，按照"减少、重复使用、再循环（Reduction，Reuse，Recirculation）"的"3R"原则，实现人类可持续发展要求下经济模式的根本性转变。王乐等[④]认为现阶段只有采取相关有效的对策才能加速区域循环经济的发展。李珂

[①] LIU M Y. Cognition of Regional Economic Growth Based on China's Intellectual Class [J]. Frontiers in Sustainability，2022，2（3）：1-14.

[②] 毛志锋. 区域可持续发展的理论与对策 [M]. 武汉：湖北科学技术出版社，2000：64-65.

[③] 秦嗣毅，郝冰. 循环经济环保：可持续发展机理研究 [J]. 生态经济，2008（7）：105-109.

[④] 王乐，武春友，吴获. 区域循环经济的概念与内涵研究 [J]. 湖北社会科学，2012（5）：65-68.

和庄从从①研究发现有些企业忽视他人和国家利益，不惜以破坏生态环境为代价只为自己利益最大化。谷国锋②认为循环经济的形成与发展需要在不违背熵定律的条件下，克服因不可逆过程导致的熵增，从而使经济系统从无序向有序发展。肖劲松和王东升③认为区域循环经济的形成与发展需要遵循生态经济系统的物质—能量流动规律，循环经济政策的实施须充分尊重市场原则，采取多种手段与措施协调各方利益方能实现循环经济网络体系有序运转。

二、区域经济低碳发展

全球气温变暖已是一个不争的事实。哥本哈根会议之后，国际社会逐渐达成共识，大家应共同应对气候变化。在全球气候发生巨变背景下，低碳经济应运而生。虽然各国都认为发展低碳经济有必要性和紧迫性，但对于什么是低碳经济在认识上并不统一。

低碳经济（Low-carbon Economy）的术语早在20世纪90年代后期的文献④中就曾出现过。2003年，英国政府在能源白皮书《能源：创造低碳经济》（*Energy：Create Low-carbon Economy*）中，最先提出并使用"低碳经济"这一术语，随后逐渐成为全球发展的热门词汇。2006年，由英国政府推出、世界银行前首席经济学家尼古拉

---

① 李珂，庄从从. 浅谈区域循环经济发展的路径及其保障机制 [J]. 中国市场，2014（29）：12-14.

② 谷国锋. 区域经济发展动力系统的构建与运行机制研究 [J]. 地理科学，2008（3）：320-324.

③ 肖劲松，王东升. 区域循环经济发展的机理与对策 [J]. 生态经济，2009（7）：61-65.

④ KINZIG A D，KAMMZN D M. National Trajectories of Carbon Emissions：analysis of proposals to foster the transition to low-carbon economies [J]. Global Environmental Change，1998，8（3）：183-208.

斯·斯特恩（Nicholas Stern）牵头的《斯特恩评论》（*Stern Review*）呼吁全球以每年1%的GDP投入，将来每年可避免GDP 5%~20%的损失，建议全球向低碳经济转型。2007年，政府间气候变化专门委员会（Intergovernmental Panel on Climate Change，IPCC）[①]第四次评估报告发布以后，呼吁人类必须共同致力于气候变化带来的挑战。联合国环境规划署把2008年世界环境日（World Environment Day）的主题定为"禁欲！低碳经济（Abstinence! For Low Carbon Economy）"，希望低碳经济理念能够迅速成为各级决策者的共识。2009年，哥本哈根会议（The Copenhagen Summit）各方虽然未就控制温室气体排放达成协议，但它却是推进全球向低碳经济转型的开始。

潘家华等[②]认为低碳经济是指碳生产力和人文发展均达到一定水平的一种经济形态，旨在实现控制温室气体排放的全球共同愿景。碳生产力指的是单位CO_2排放所产出的GDP，碳生产力的提高意味着用更少的物质和能源消耗产生出更多的社会财富。人文发展意味着在经济能力、健康、教育、生态保护、社会公平等人文尺度上实现经济发展和社会进步。

低碳并不是目的，而是手段，重要的是要保障人文发展目标的实现。低碳经济的竞争表现为低碳技术的竞争，着眼点是低碳产品和低碳产业的长期竞争力。向低碳经济转型的低碳化进程具有两方

---

① NORDHAVS W D. A Review of the Stern Review on the Economics of Climate Change [J]. Journal of Economic Literature, American Economic Association, 2007, 45 (3): 686-702.

② 潘家华，庄贵阳，郑艳，等. 低碳经济的概念辨识及核心要素分析 [J]. 国际经济评论, 2010 (4): 88-101.

面的含义：一是能源消费的碳排放的比重不断下降；二是单位产出所需要的能源消耗不断下降。

三、区域经济绿色发展

当前中国正处于工业化的中后期，面临资源约束趋紧、环境污染严重、生态系统退化的严峻形势。在这个阶段，我国资源瓶颈和环境污染问题日益突出。资源和环境对发展的瓶颈制约越发明显，如果再任由其发展下去，区域经济发展不但不可持续，而且还会倒退，从而产生诸多不稳定因素，继而影响人类的生存与发展。[1][2] 因此，区域经济发展应符合绿色发展模式。张露[3]提出了如图 2-1 所示的区域绿色经济统计指标。

区域经济绿色发展：在一定区域内经济发展的内部因素与外部条件相互作用而产生的生产综合体，以低碳、和谐、效率、可持续为发展目标，尊重自然规律，坚持以人为本为理念，实现经济、环境、能源与生态系统相和谐的一种区域发展方式。因此，在区域经济发展过程中，要推广生态文明观念，增强环境保护的意识；调整经济组织结构，促进区域经济发展转型，从单一的循环发展、低碳发展向绿色发展转变。

---

[1]　刘明洋，王成端. 区域资源型产业绿色转型的战略研究 [J]. 特区经济，2020 (10)：71-73.

[2]　刘明洋，韩杰，王芳芳. 区域经济绿色发展面临的挑战及对策研究 [J]. 商业经济，2020 (8)：106-107.

[3]　张露. 湖北县域经济绿色发展路径研究 [D]. 武汉：湖北工业大学，2015.

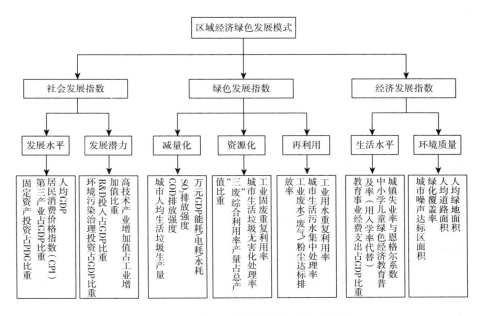

图 2-1 区域经济绿色发展模式统计指标

第三节　区域经济绿色发展战略理论

随着国内外环境的变迁，曾以资源为区域政策中心主轴，其发展策略与经营策略亦以此政策为主导，创造出区域的竞争优势，但此种发展模式不可持续。本书通过分析区域内外部环境，从而厘清区域的相关问题，并根据这些问题研拟出区域发展策略及相对应的区域经营策略。从国内环境观之，产业陆续转型升级，本国货物出口国外，近年亦有负增长趋势，致使本国区域吞吐量增长有限。在这种内外环境均不如前的基础上，我国现行区域发展政策及经营策略有必要对旧有发展理念加以检视，以免区域发展招致边缘化的危机。

一、绿色发展的战略理论

世界各地的市政当局都认识到区域经济绿色发展在影响生态环境方面可以发挥重要作用。例如，城市结构（发展的地点和密度）以及市政基础设施的交付方式对汽车使用、步行设施、过境和骑自行车等替代交通方式的可行性都有很大影响。在较小的范围内，社区分区设计和个别地点规划可以大大有助于节省能源、减少温室气体排放、节约用水和保护自然遗产。在最小的考虑范围内，即使是单独的建筑结构——产品设计过程，都能对施工过程产生重大影响，它本身对生态环境有重大影响。

绿色发展战略旨在解决每一个层次的发展问题。绿色发展战略的核心是促进可持续发展的目标，这将有利于区域发展造福人类。区域经济绿色发展这一术语的核心是从社会、环境和经济角度出发，以最大的平衡效益为实现目的的发展。绿色发展战略包括节约能源、减少温室气体排放、减少对自然遗产特征的影响、节约型农业用地、节约用水、管理雨水径流与减少固体废物，这将直接或间接地促进发展。在执行时，该战略将解决发展以及未来发展过程中遇到的各种挑战。绿色增长战略旨在为各国实现经济增长和永续发展提供动力，同时确保自然资源继续为我们提供所依赖的生态系统服务。卢黎歌和杨华[①]认为大力推进区域经济绿色发展对我国树立负责任的大国形象、扩展话语权有十分重要的推动作用。

---

① 卢黎歌，杨华. 建设生态文明是破解生态问题的必然选择［J］. 马克思主义研究，2013（2）：27-32.

二、绿色发展的管理理论

面对经济与环境挑战，绿色发展呼声越来越高。经济绿色发展可持续地利用自然资源，提高能源使用效率与生态系统服务效率。绿色发展是一个重要的经济可持续发展政策，一方面要持续地减少贫困和改善福利，包容发展中国家的经济增长；另一方面要应对因发展造成的生态恶化。绿色发展可以刺激经济，增加对一些绿色产业（特别是低碳）的技术投资可以促进就业。从环境角度来看，环境外部潜力的内化可持续刺激经济发展。

区域经济绿色发展是将生态文明建设融入经济、政治、文化、社会建设各方面和整个过程的全新发展理念。绿色发展就是要认真考虑社会和环境的发展，考虑环境响应性、资源效率性、社区文化敏感性。环境响应性旨在尊重自然的内在价值，并最大限度地减少对生态系统的破坏；资源效率性是指节约使用资源与能源，保护生态环境。总之，绿色蕴含着经济与生态的良性循环，意味着人与自然的和谐平衡，寄予着人类未来的美好愿景。

三、绿色发展的实践应用

在新历史发展时期，许多发达国家或地区将经济、社会与生态环境相和谐的区域经济绿色发展作为其首选发展战略。实施区域经济绿色发展战略，实现 3E 可持续发展逐渐成为人类经济社会发展的主题。许多地区在区域经济绿色发展方面积累了一些行之有效的经验，我们可以积极借鉴，从而有力推动我国区域经济绿色发展的进程。

美国经济绿色发展的重心在提升绿色能源领域的核心竞争力。李清源[1]研究发现美国把绿色发展战略的重心放在提升绿色能源领域的核心竞争力。美国政府绿色经济政策可分为节能增效、开发新能源、应对气候变化等多个方面。胡小兵[2]研究发现德国环保技术产品在世界市场的占有率达到 20%，环保技术领域创造的工作岗位每年平均增长 15%，为德国企业保持在环保技术领域的领先地位奠定了坚实的基础。李清源[3]研究发现英国由于自身地理特点与经济较发达，在绿色城市、绿色建筑方面充分体现了绿色发展的理念和实践。特别是伯丁顿低碳社区，是世界自然基金会（World Wide Fund for Nature，WWFN）和英国生态区域发展集团倡导建设的首个"零耗能（Zero Energy）"社区，现在已经成为引领英国乃至全球绿色城市（Green City）建设与可持续发展的典范。

内蒙古自治区加快发展绿色低碳经济，充分发挥风能、太阳能、生物能资源优势，加快打造以千万千瓦风电和百万千瓦光伏产业为代表的绿色能源基地。湖北武汉积极推动绿色建筑发展，2001 年开始推行 50%建筑节能标准，经济成效显著。李清源[4]研究发现河北省自开展"双三十"攻坚以来，共削减化学需氧量（Chemical Oxygen Demand，COD）9.73 万吨，二氧化硫（Sulfur dioxide，SO_2）23.9 万吨，年度削减率均排全国前五位。推进"双三十"节能减排

---

[1] 李清源. 国内外绿色发展的实践与经验启示 [J]. 青海环境，2011，21 (4)：178-181.

[2] 胡小兵. 德国：向绿色经济寻发展 [J]. 半月谈，2009 (18)：20-22.

[3] 李清源. 国内外绿色发展的实践与经验启示 [J]. 青海环境，2011，21 (4)：178-181.

[4] 李清源. 国内外绿色发展的实践与经验启示 [J]. 青海环境，2011，21 (4)：178-181.

工程，不仅给河北绿色发展转型带来深远影响，也给更多地方节能减排提供了借鉴与启示。

本章小结

本章主要对区域经济绿色发展的理论、内涵以及发展战略理论进行了研究。具体来讲，区域经济绿色发展理论包含了生态价值理论、可持续发展理论与绿色发展理论，它是三者的综合体。区域经济循环发展、低碳发展与可持续发展内涵的结合，最终形成了区域经济绿色发展的内涵。因此，区域经济绿色发展是一个相对较高层次的发展，需要相应的战略理论作为指导。

第三章　区域经济发展的转型升级

　　区域经济是一种在社会劳动和地域分工的基础上形成的地域经济综合体。它是在长期的物质产品生产过程中，由于地理、历史、民族文化、社会宗教等诸多因素共同作用而形成的经济区。从其形成的历史渊源和形成基础上分析，区域经济具有绝对经济优势和比较经济优势，凭借这些不同的优势，区域经济发展呈现不同的模式。李岳峰和张军慧[①]认为区域经济发展模式有其历史的、具体的形成过程，其形成过程往往受到多种因素影响从而呈现不同发展形态。

第一节　区域经济绿色发展影响因素

　　区域经济作为一个庞大而复杂的有机整体，各因素如自然资源、产业、生态与人才环境之间既相互影响又相互制约，彼此之间存在

---

　　① 李岳峰，张军慧. 区域经济发展模式的形成机理及其类型比较 [J]. 开发研究，2008（1）：29-33.

着千丝万缕的经济关联性。因此，区域经济发展是由矿产资源、生态环境、政策环境、人才环境等因素综合影响的结果。

一、矿产资源因素

矿产资源（Mineral Resources）是人类赖以生存与发展的物质基础，矿产资源是工业化和现代农业的基础。汤铭文和高嘉鸿[1]预测：今后的一段时期内，矿产资源问题将成为世界的头号问题，且矿产资源紧张的情况在今后 20～30 年时间内不会有根本改变。所以，矿产资源的生产与消费将成为对环境影响较大的问题，是人类社会，特别是区域永续发展的大事。

我国矿业开发因受主客观因素影响，均明确显示出我国矿业资源供需政策缺乏长期规划。如何积极有效开发、利用矿产资源以符合经济发展、民生建设之需求，且须顾及环境维护、自然保育与永续经营的需要，已成为当前重要课题，资源环境问题也成为世界普遍关注的重大问题中的焦点之一。

稀少性是矿产资源具有价值的条件。一种物质仅仅有用但不稀少，它在经济上就没有价值。矿产资源是在漫长的地质作用下形成的，且形成过程不可逆，是耗竭性资源，随着人类开采强度的增大而减少。而影响矿产资源自身价值的主要因素包括矿产资源的供求状况、价格水平、资源自身的稀少程度、矿藏规模、质量、开采条件、地理位置等，它们都会对矿产资源自身的价值产生影响。曾保

---

① 汤铭文，高嘉鸿. 矿业开发之环境经济探讨 [J]. 台湾矿业，2010 (4)：72-90.

忠等①研究发现目前评估矿产资源自身价值比较常用的方法主要有基价法收益现值法和市场价值评估法。

　　资源条件评估指标体系是由反映一个复杂系统的多个指标组成统计指标群。在构建资源条件评估指标体系时主要遵循相关原则，从而建立一套适合对矿产资源进行环境评估的指标体系。政府为防治空气污染，维护国民健康、生活环境，以提高生活质量，在1976年中国台湾颁布了有关空气污染防治的规定，并于1981年制定空气质量标准，在此标准中规定了总悬浮微粒（Total Suspended Particles，TSP），粒径小于等于10微米（μm）之悬浮微粒（指可吸入颗粒物称为PM_{10}）、CO、SO_2、NO_2等污染物的浓度限值（表3-1）②及监测采样的分析方法。

表3-1　各种污染指标的浓度值

项　目	标准值		单　位
总悬浮微粒	24小时值	250	微克/立方米（$\mu g/m^3$）
	年几何平均值	130	
粒径小于等于10微米（μm）之悬浮微粒（PM_{10}）	日平均值或24小时值	125	微克/立方米（$\mu g/m^3$）
	年平均值	65	
二氧化硫（SO_2）	小时平均值	0.25	体积浓度百万分之一（ppm）
	日平均值	0.1	
	年平均值	0.03	
二氧化氮（NO_2）	小时平均值	0.25	体积浓度百万分之一（ppm）
	年平均值	0.05	

①　曾保忠，汤铭文，高嘉鸿. 台湾地区矿产资源资产评估理论与方法探讨［J］. 台湾矿业，2006（4）：25-38.

②　萧代基，郑蕙燕，吴佩瑛，等. 环境保护之成本效益分析——理论、方法与应用［M］. 台北：俊杰书局股份有限公司，2002：15-37.

续表

项　目	标准值		单　位
一氧化碳（CO）	小时平均值	35	体积浓度百万分之一（ppm）
	8 小时平均值	9	
臭氧（O₃）	小时平均值	0.12	体积浓度百万分之一（ppm）
	8 小时平均值	0.06	
铅（Pb）	月平均值	1.0	微克/立方米（μg/m³）

中国台湾当局为防治水污染，确保水资源之清洁，以维护生态体系，改善生活环境，增进民众健康，于 2007 年 9 月 3 日由环境保护署发布对各种行业之放流水标准，其中有关采矿之放流水标准①的水质项目及限值如表 3-2 所示。

表 3-2　矿产资源开发相关的放流水标准

适用范围	项　目	最大限值
探矿业、陶瓷业、土石工业、沙石开采业	化学需氧量	100（mg/L，毫克/升）
	悬浮固体	50（mg/L，毫克/升）

　　矿业开发的主要任务是将位于地表以下的矿石运到地面以供人类社会使用，而矿石在地下的存贮空间是十分广阔的，因此矿业所占用的土地面积必定巨大，矿业在对矿石进行开采以后，将对上覆土地产生重大影响，会对自然生态产生负面影响。因此，我们必须对其进行评估。一般露天开发使用土地复垦率。矿业在开采过程中要占用大量的土地资源，以便对地表以下的矿床进行开拓与加工。由于矿石属于不可再生的一次性资源，故当矿石被完全采出后，矿山所占用的大量的土地资源对于采矿生产就没有价值了，此时需要对这些土地进行再次开发，以充分利用宝贵的资源，并为矿区经济

---

① 李好样. 水污染的危害与防治措施［J］. 应用化工，2014，43（4）：730-731.

的永续发展创造良好的条件。汤铭文和高嘉鸿①提出了矿产资源环境效益评估指标体系的结构，如图 3-1 所示。

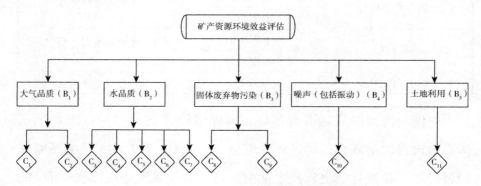

图 3-1 矿产资源环境效益评估指标体系结构

在上述环境效益评估指标体系中，其各评估指标值的确定通常是在对已开采的矿业进行实际测量所得到的，而对于未建项目是不能采用上述方法进行确定的。矿产资源开发，应按要求进行环境经济效益分析。随着可持续发展概念的提出和其策略的实施，把"保护矿产资源，节约、合理利用资源"作为基本政策，防止在矿产资源开发利用中发生损失浪费、破坏资源的现象。而在达到资源合理利用的目标上，就必须透过对资源开发区环境经济效益评估，以确认该资源开发的实际经济效益。

二、生态环境因素

生态环境是指影响人类生存与发展的水资源、土地资源、生物资源以及气候资源数量与质量的总称，是关系到社会和经济持续发

---

① 汤铭文，高嘉鸿. 矿业开发之环境经济探讨［J］. 台湾矿业，2010（4）：72-90.

展的复合生态系统。据中国工程院和环境保护部估测①，中国有超过3亿人使用的水受到污染，1/3 的水系未能达到政府规定的安全标准，大约 1/5 的农田受到重金属污染。环境污染、生态破坏和能源浪费也导致了严峻的社会问题。当前，环境资源价值的核算尚处在探索阶段，对于污染物所产生的环境代价还很难进行准确估量。因此，生态环境问题是未来亟待解决的重要课题。

水污染是指由有害化学物质造成水的使用价值降低或丧失，从而造成水环境的污染称为水污染。从改革开放以来，各地都存在水污染问题，且污染面日益扩大。工业水污染的加剧一方面会影响正常的生产运作；农业水污染会使土壤板结，有毒的物质会使作物无法正常生长，并带来有关食品健康安全的隐患。

空气污染又被称为大气污染，当空气中含有的有害物质（包括气体、微粒和生物分子）进入地球大气层时，就会发生空气污染。它可能导致人类生病、过敏和死亡，也可能对其他生物和粮食作物造成损害，并可能破坏自然的或建成的环境。人类活动和自然过程都能产生空气污染。空气中含氮的氧化物有 N_2O 、NO、NO_2、N_2O_3 等，其中占主要成分的是 NO 与 NO_2，以 NO_x 表示。陈玮②认为空气是地球上一切动植物生存的根本；空气污染不仅对人类与动物的健康产生不利影响，同时也会对植物生长造成危害，从而影响农业与

---

① 中国工程院，环境保护部. 中国环境宏观战略研究［M］. 北京：中国环境科学出版社，2011：45-51.
② 陈玮. 基于灰色聚类与模糊综合评判的空气质量评价——以长江沿岸主要城市为例［D］. 上海：华东师范大学，2012.

林业的健康发展。吉森·Y和佐吉奥·T①经过调查发现：医疗成本较低的城市污染指数相对较低，城市通常疾病发生概率也相对较低。面对日益严峻的污染形势，世界各国应根据本国实际情况制定相应的应对策略。

三、政策环境因素

区域发展处于动态多变的社会环境中，区域竞争力在很大程度上取决于其对外部环境的分析、判断和把握的能力，即环境适应能力。区域环境是由政治、经济、技术和社会文化等多个环境要素所构成的复杂系统；而区域政策环境属于经济环境范畴，是构成区域经济环境的重要因素之一，具有以下特征。

前瞻性：区域政策的本质在于向特定人群或产业提供政策诱导的机会。区域政策环境的变动，不同于其他经济环境因素的变动，它通常是一国政府或地区政府主动选择的结果，具有较强的主观能动性，并对资金投放、人才集聚和技术研发等具有显著的导向性；因此，政策制定者必须思虑长远，使政策具有前瞻性。

持续性：区域经济环境的培育和发展通常需要一个周期，因此区域政策的执行通常需要在一定的时间内保持持续性和稳定性，这是区域政策环境不同于其他环境因素的一个显著特点。

交互性：区域政策环境与其他环境因素（如政治环境等）相互依存、相互制约；其他环境因素的变化，都会直接或间接地引起区

---

① HIZEN Y, SAJIO T. Designing GHG emissions trading institution in the Kyoto protocol: an experimental approach [J]. Environmental Modeling & Software, 2001, 16 (6): 533-543.

域政策环境变化①。

稳定性：区域的发展，不但要求政策具有前瞻性、持续性与交互性，而且还要具有稳定性。其原因在于，现在政府干部流动频繁，每任干部因自身眼界、能力以及修养不同，他们对当前区域发展的看法也不尽相同，这就有可能造成区域政策的不稳定性。要解决此问题，需要国家层面立法或做相应规定，方能确保区域经济可持续健康发展。

四、人才环境因素

国以才立，政以才治，业以才兴，人才是区域经济发展最宝贵的财富。如何吸引并留住人才，这是一个永恒的话题。要吸引、留住人才，就必须创造人才根植环境（Talent Rooting Environment，TRE）。TRE 是指一个地区能吸引人才并使他们留下的扎根环境。地区吸引人才主要有两种观点：传统观点认为地区吸引人才，主要通过创造与人才相匹配的工作和经济机会来实现；另一种观点认为只要提供一系列舒适的人才环境就可吸引并留住人才。舒适的人才环境是吸引受过高等教育、有才华的人来某区域工作与生活的关键。因此，TRE 被称为实现稀缺资源和人才流动的必备因素。

人才引进是区域经济发展的重要工程。TRE 是一个地区经济可持续发展最重要的生产要素，将为区域带来竞争优势；它直接影响着人才的培养与发展，也影响区域的吸引力。从人才战略目标出发，人才引进战略必须与人才发展战略紧密结合；每一种实践都应该与

---

① 熊勇清，冯韵雯. 产业政策环境适应能力的影响因素及现状分析 [J]. 中国科技论坛，2011（12）：85-92.

它的愿景和长期目标相一致，每一种战略都需要服务相应的人才。TRE 模型中有两个基本因素：人才引进（Talent Introduction，TI）和人才发展（Talent Development，TD），唯有满足这两要素方能使人才具有停留特定区域的意愿。

人才环境评价指标体系的建立，将为人才环境的优化配置提供科学性指导。人才对政策的稳定性、连续性与前瞻性十分关注。在过去四十年，因政策导向（Policy Orientation，PO）的不确定性已经使中国流失了大量人才。同时，人才除了对人才环境（Talent Environment，TE）感兴趣之外，对区域的教育投资（Educational Investment，EI）、人才交流平台（Talent Exchanging Platform，TEP）也十分关注。区域政府实施或维持他们对人才承诺很可能会获得积极的回报。曹威麟等①研究表明：有利的区域环境在组织环境、人才成长预期以及集聚意愿中发挥着积极影响。因此，提升区域总体魅力值则显得尤为重要。

第二节　区域经济绿色发展所面临的挑战

区域经济绿色发展是新时期世界经济发展的主流趋势，将经济发展与环境保护进行有机结合，不仅能达到经济增长的目的，而且可以有效地保护环境，使经济与环境处于和谐的状态。王惠②认为当

---

① 曹威麟，王艺洁，刘志迎．人才环境与人才成长预期对集聚意愿的影响研究［J］．中国人力资源开发，2016（19）：64-70.
② 王惠．当前我国关于绿色经济发展所面临的机遇与挑战［J］．科技视界，2014（34）：391，389.

前中国区域经济绿色发展迅速，国内外环境均为经济绿色发展提供较好的机遇；但同时，区域经济绿色发展也面临着绿色经济项目融资难度大、绿色企业发展举步维艰、受国际绿色壁垒的阻碍等挑战。

一、人才流失问题

在当今竞争激烈的世界里，人才资源已被公认为经济增长的根本动力。从这个意义上说，高技能和受过高等教育的人的流入会促进人力资本积累，促进创新活动，增强内生能力，促进区域经济的增长潜力。一般来说，人力资源规划中的人才管理涉及识别、选择、培养和留住人才。由于今天的企业必须在全球进行整合，人才应该成为国际竞争优势的强大来源。但是，许多大型组织都在关注招聘和吸引他们所需的人才，但很少去关注如何留住他们。一个地区的成功越来越取决于它吸引和留住那些有能力的人。

中国人口众多、劳动力资源丰富。多年来，中国政府采取了积极有效的政策措施，促进了人力资源的开发和利用，使这一领域发生了显著的变化。然而，由于体制障碍，高层次人才流动异常和区域分布不平衡。随着国家人口结构的根本改变，支持过去三十多年经济高速增长的人口红利已经结束。中国开始遭受严重的技能人才短缺问题，它很有可能持续很长一段时间。由于技术人才短缺和缺乏创新，未来十年及以后的经济增长速度将大大放缓。人才流失不是一个新问题，它在中国东北地区尤为突出。东部地区优越的自然条件、区域和经济优势以及优惠政策吸引了中西部地区的人才。王丹和余峰嵘①研究发现经济发达区域吸引前来本区域工作的研究生学历人数远远大于本区域所培养的研究生人数。面对近年来高层次人才日益萎缩，中国已经采取了应对人才流失或不合理流动的一些措施，同时鼓励"人才外流"的中西部地区引进人才。尽管采取了这些措施，中西部地区大部分省份仍有大量人才外流。

中国的人力资源管理变得越来越复杂，政府政策和企业层面的人力资源管理面临着新的挑战。在这个重要的十字路口，中国领导人需要重新审视自己国家的发展战略和应对战略，进而构建一个新的战略：将人才上升为国家战略。人才管理是一项独特的技能，它将所有与人才生命周期管理相关的活动和职责集成起来，抛开地理位置等因素获取人才和留住人才。成功的关键措施在于利用财务和非财务资源对人才价值进行投资。在未来的道路上，不同行业、不同地点、不同历史时期的企业人力资源管理实践存在差异；回答有关人才价值的问题，是目前首要解决的核心问题。未来变化的方向可能取决于外部力量的参与程度以及中国赖以生存的内部战略。国家应从微观层面解决人力资源问题，分析人力资源挑战的来源，建立人才预测和提升评价模型，提出有效的人力资源政策。通过解决人才管理中的价值问题及其评价方法，才能促进这一领域的发展。由于中国人才严重短缺，人才系统需要对无形资产进行投资。中国未来的人力资源管理是一项极具挑战性的任务。

---

① 王丹，余峰嵘. 研究生人才在不同区域的流失与吸收 [J]. 数理医药学杂志，2015，28（2）：219–220.

二、经济发展失衡

郝寿义[①]认为区域发展不平衡是正常的，平衡是相对的，区域发展不平衡是高速经济增长难以避免的不利影响。王圣云和沈玉芳[②]认为区域发展不平衡是指区域之间在发展水平、发展功能和发展结构上的时空不平衡。不同区域间发展水平的不同分为动态与静态两个层面，动态层面称为区域经济发展不均衡，静态层面称为区域差异。区域发展差异、区域发展差距和区域发展不平衡没有包含对区域间差异状态的价值判断，是中立的概念，而区域发展不平衡才含有对区域间差异状态的价值判断。

区域经济发展不平衡从经济发展变化的动态视角（Dynamic Perspective）出发分析经济发展在地理空间上的不平衡。市场力量通常是递增而不是递减的，因而会导致地区不均衡性的加剧。"回波作用（Backwash Effect）"是区域经济不平衡发展的根源。赫希曼（Hirschman）的非均衡发展理论认为，经济增长地区会对经济落后地区产生一系列直接或间接的影响，有利的影响被称为"水滴效应"，不利的影响被称为"极化效应（Polarization Effect）"。在最初阶段，增长极的累积性集中会扩大发达地区与落后地区之间的经济差距；长期来看，"水滴效应"会减小区域之间的差距，促进落后地区发

---

① 郝寿义. 区域经济学原理 [M]. 上海：上海人民出版社，2007：75-155.
② 王圣云，沈玉芳. 区域发展不平衡研究进展 [J]. 地域研究与开发，2011，30（1）：10-14.

展。杰弗里·G. 威廉姆森①的 Inverted U-shaped 理论认为，一个地区在经济发展初期阶段通常极化效应将起主导作用，地区差距趋于扩大；经济发展到成熟阶段，扩散作用将发挥主导作用，地区差距缩小，整体变化轨迹呈现一条库兹涅茨曲线（Inverted-U Curve）。

三、气候变化问题

气候变化（Climate Change）是指长时期内气候状态的变化。联合国气候变化框架公约（United Nations Framework Convention on Climate Change，UNFCCC）将其定义为气候的变化是由于直接或间接的人类活动改变了地球大气的组成。全球或区域气候格局的变化，特别是从 20 世纪中叶到下半叶发生的变化，主要归因于化石燃料的使用所产生的 CO_2 含量的增加。科学家们积极地利用观测和理论模型来了解过去和未来的气候。基于钻孔温度剖面的地质证据，采用稳定同位素与沉积层分析冰川和冰缘，并延伸深入地球过去的气候记录，以及岩心深藏冰中植物和动物的记录与过去的海平面的记录。以物理科学为基础的大气环流模式经常被用于理论方法来匹配过去的气候数据，并将气候变化的原因和影响联系起来做出未来的预测。

CO_2 是无色的，动物通过呼吸来生产它。人为的气候变化曾经是争论的焦点，现在却成为科学事实。超过 97% 的气候科学家同意 20 世纪对全球气候的变化是人为活动引起的。所谓的"共识"已经引起了更多的关注，这个问题从 21 世纪初起就有许多分歧，但证据是

---

① WILLIAMSON J G. Regional inequality and the Process of National Development：A Description of Patterns［J］. Economic Development and Culture Change，1965，13（4）：9-10.

压倒性的。工业革命以来，全球 CO_2 和其他温室气体的排放已经过高，导致温度上升的现象一直被误称为"全球变暖"。对"气候变化"的术语的改变是强调大气的污染可能导致各种极端气候事件，而不仅仅是变暖。随着全球气温上升，荒漠化过程正将一度繁荣的地区转变为沙漠。然而，由于气温的上升，蒸发率将使风暴和其他极端气候事件越来越频繁与激烈。这就是气候变化的真相，若不引起高度重视将引发灾难。

人类活动（如工业活动）和其他活动是产生温室气体的根本原因。这些气体如 CO_2，能够吸收红外线的光谱，并有助于大气层变暖。这些气体一旦产生，就可以在大气层中停留几十年或几百年。虽然 O_2 和 N_2 是大气中的关键成分，但不能吸收红外线辐射，CO_2 和其他物质却能吸收。这些气体以这种热能为燃料，并向地球表面散发出第二种辐射。这种热能仍然被困在大气中，并且取决于能吸收的气体的水平。随着温室气体的增长，它们能够吸收更多的红外线辐射，从而在大气层中吸收更多的热量。碳循环是所有天然成分之间的碳交换，包括大气、海洋、河流、岩石、沉积物和生物。虽然树木可以通过光合作用吸收 CO_2，但森林砍伐和其他因素限制了森林对全球碳排放的处理能力。碳循环也因人类活动产生的温室气体数量庞大而遭到破坏。

地质证据表明，我们已经进入了一个非自然变暖的时期。1950年，这一水平超过预期，并一直不断增长。2013 年，CO_2 含量首次超过四亿分之一（400 parts per million，400 ppm），这直接与人类活动有关。电力和热力生产成为最大温室气体排放来源（2010 年，占全球温室气体排放总量的 25%），工业（2010 年）占全球温室气体排放总量的 21%，农业（2010 年）占全球温室气体排放总量的 24%。大气中的气体平衡因人类污染而改变，这些排放物直接导致气候变暖并对大陆以及人类文明产生深远的影响。

四、生态环境问题

生态环境问题是人类活动对生态环境的不良影响。生态环境保护是保护个人、组织或政府层面上的自然环境，造福于环境和人类的一种实践。不可否认，我们生存的环境在不断地变化。然而，随着生存环境的变化，人们越来越意识到周围在不断出现生态环境问题。

全球变暖已经成为影响我们当前生计的不争事实。然而，这不是我们唯一应该关心的环境问题。在世界各地，人们每天都面临着大量新的、具有挑战性的环境问题。它们中的一些很小，只影响到一些小生态系统；但另一些则极大地改变了我们已经知道的景观。地球正处于严重环境危机的边缘。当前的环境问题使我们现在与将来都容易遭受灾难和悲剧。人类处于行星紧急状态，周围的环境问题堆积如山。除非认真审慎地处理各种问题，否则我们注定会失败。当前的生态环境问题十分严峻，需要反思和重视。

空气、水和土壤的污染需要数百万年的时间来修复。工业和机动车尾气是头号污染物；重金属、硝酸盐和塑料是污染的毒素。石油泄漏造成水污染，形成酸雨，污染城市径流；工业、工厂和化石燃料燃烧释放各种毒素气体形成空气污染；工业废料是造成土壤污染的主要元凶，它造成了土壤各种问题。像温室气体的排放让全球变暖一样，气候变化是人类不遵守自然规则的结果。全球变暖导致海洋和地球表面温度上升，导致极地冰川融化，海平面上升；还有非自然的降水模式，如山洪暴发、过度降雪或荒漠化。

欠发达国家和发展中国家的人口激增正在使本来就很稀缺的资源紧张起来。地球面临着不可持续发展。因为随着环境的破坏，它不能持续提供水、燃料和食物；集约化农业通过使用化肥、杀虫剂和除草剂破坏环境。人口过剩是当前的一个重要环境问题，而自然资源枯竭是当前环境问题的另一个关键问题。化石燃料的消耗导致温室气体的排放，这是全球变暖和气候变化的主要原因。人们正在努力转向可再生能源，如太阳能、风能、沼气和地热能。过度消耗资源和生产塑料正在造成全球废物处理危机。发达国家因产生过多的废弃物、垃圾倾倒在海洋或转嫁较不发达国家而臭名昭著。核废料不当处理带来巨大的健康危害；塑料、快餐、包装和廉价的电子废弃物威胁着人类的健康。因而，垃圾处理是当前亟待解决的环境问题之一。

人类活动导致物种的灭绝、栖息地的锐减、生物多样性的丧失。生态系统需要数百万年的时间才能恢复，这使任何物种、种群都正处于灭绝危险之中。授粉等自然过程的平衡对生态系统的生存至关重要，人类活动同样造成各种各样生态破坏。另一个例子是海洋中珊瑚礁被破坏，这些珊瑚礁支持着丰富的海洋生物。森林处理自然界中的 CO_2，产生新鲜的氧气，也有助于调节温度和降雨量。目前，森林覆盖率占陆地面积的 30%，但由于日益增长的人口，需要更多的食物、住所和布料，砍伐森林一直未停止过。

人类各种活动产生的 CO_2 占 25%，这是直接造成海洋酸度在过去 250 年中有所增加的直接原因。到 2100 年年底，可能会上升 150%。臭氧层是一个保护地球免受太阳有害射线影响的隐形保护层。大气中的臭氧层损耗是因为氯氟碳化合物和溴的污染。一旦这些有毒气体到达高层大气，它们就会在臭氧层形成一个空洞，其中最大的一块在南极上空。因此，氟氯化碳在许多工业和消费产品中被禁止。臭氧层是有价值的，因为它可以防止有害的紫外线辐射到地球。防止臭氧层被破坏是当前最重要的任务之一。

酸雨是大气中某些污染物引起的。化石燃料的燃烧、火山爆发或腐烂的植被将 SO_2 和氮氧化物释放到大气中，从而形成酸雨。酸雨是一个众所周知的环境问题，它可能对人类健康、野生动物和水生物种造成严重危害。

城市蔓延是指人口从高密度城市向低密度农村转移，导致城市向越来越多农村土地上扩展。城市蔓延导致土地退化、交通事故频发、环境问题和健康问题。日益增长的土地需求取代了由动植物组成的自然环境。当前的环境问题给人类和动物的健康带来了很大的风险。工业废水、生活污水会对人类的健康产生危害，对生活质量和公共卫生构成威胁。流向河流的携带毒素、化学物质和携带疾病的生物体，这些污染物会导致呼吸道疾病，如哮喘和心血管问题，高温促进登革热等传染病的传播。

利用生物技术进行植物的基因改造被称为基因工程。植物的遗传基因修改导致了毒素和疾病的增加，因为过敏植物的基因可以转移到目标植物上。转基因作物可能造成严重的环境问题，因为转基因可能对野生动物食物产生毒害。另一个缺点是，增加农药的使用使抗虫植物产生耐药性。

日常生活受政府政策的影响正在增加。因为有许多不同的因素开始发挥作用：投票、问责、坚持常规的愿望，许多人不认为他们所做的会影响后代。如果人类继续朝着这样有害的方向前进，那将没有未来。虽然不能从物理上阻止臭氧层变薄，而且科学家们仍没有搞清楚到底是什么导致了臭氧层的减少，但是仍然有很多事情可以做。通过提高当地社区和家庭内部成员对这些问题的认识，可以建立一个更环保、更友好的地方让人类居住与生活。

第三节　区域资源型发展向绿色发展转型

在应对全球气候变化的背景下，经济发展要遵循相应的自然规律。在发展经济的同时，也要尊重自然，使人与自然和谐发展。在当前生态环境日益恶劣的情况下，产业要转型升级，不能再走先污染后治理的老路；经济增长也应从循环发展、低碳发展向绿色发展过渡，将科技创新融入绿色发展之中，让制度创新引领未来发展。

一、产业发展绿色转型

绿色产业政策旨在追求社会和谐发展的过程中塑造合理产业结构。向低碳发展、提高效率、减缓气候变化、确保能源供应和解决能源进口造成的收支失衡问题，这是世界各国正在努力解决的头等问题。在产业转型的制度背景和改革下提出：未来产业转型与绿色生产（Industrial Transformation and Green Production，ITGP）[①]是一种新十年的国际研究计划。这也是适应和应对全球环境变化的一个重

---

① LÜ Y L, GENG J, HE G Z. Industrial transformation and green production to reduce environmental emissions：Taking cement industry as a case ［J］. Advances in Climate Change Research，2015，6（4）：202-209.

要课题。下面是 ITGP 的主要目标和内容：

（1）确定中央或地方政府面临的主要挑战与需求，以便建立一个体制框架，帮助生产者和消费者进行工业体制改革。

（2）建立产业转型示范区，并将这些区域的成功经验向全国推广。转型可能在地方一级试验，由地方倡议推广。然而，从长远来看，作为一种满足未来需要或偏好的新方法，它必须在更大的地理尺度上被接受和采纳。

（3）建立环保、节能减排、绿色技术研发与应用以及相关产业部门的国际合作等绿色转型综合机制。

（4）制定多元化政策，包括效率标准、可再生能源组合标准、碳税和引入可交易排放许可证制度，以实现低碳能源经济的转型。

（5）在主要参与者（政府、生产者和消费者）之间建立一个新的社会互动网络，以适应绿色转型。这包括促进市场体制改革、执行政府相关战略决策、工业部门的积极反应、工业企业的自主行动以及公众参与。

产业绿色转型是一个涉及雄心、不确定性和复杂性的高层次项目，实现可持续发展的核心是对经济结构、技术和体制进行彻底革新。成功转型需要从各个层面变革：从制度规范、人的价值观到政治制度的变革，从家庭、企业、价值链的创新到地方、国家、全球治理机制的变化。唯有了解这种协同进化是如何展开的，谁驱动或阻碍它，方能加速产业变革。

由"未来地球计划"中国国家委员会（Chinese National Committee for Future Earth，CNC-FE）提出的 10 年 ITGP 国际研究计划，其研究主题可以通过探索各种转型情景来支撑产业体系的转型。研究应该采取多学科交叉的方法，把重点放在整个工业系统，包括生产、消费和激励结构，以形成两者之间的相互作用。

第一，促进政策整合。在所有成功转型的案例中，政府发挥了积极的作用。然而，这并不是说这些成功都遵循统一的模式。相反，它们包括各种不同的体制和政策安排。环境政策和产业政策是产业转型最为相关的领域。绿色产业政策旨在通过减少污染最严重的部门（部门间结构变化）来减少工业生产的环境负担；它不仅需要改变环境和创新政策，而且需要改变一个国家的经济和区域政策。发展中国家包括中国特别容易受到气候不稳定的影响，需要制定绿色产业政策，着眼区域长远发展；紧密连接到其他领域政策，并使用适当的机制来解决，甚至对那些由于结构变化经历挫折的企业进行补偿。这不仅能确保经济增长和社会目标的实现，而且能增强对气候的适应能力。

第二，采用多学科创新思维体系与方法。应对气候变化势在必行，不需要搞一种新的、综合的"一刀切"模式，而需要一种创新思维体系和多元经济发展道路。要实现可持续的产业转型，我们应该采取多学科研究方法，把自然科学、社会科学等学科结合起来制定政策。

第三，实行协同治理。在环境和自然资源领域，协同治理已成为一种趋势。协同治理包括公共政策的决策过程与管理过程，参与人需积极地在公共机构为公民开展公共服务。超越部门的各个领域（包括生产、消费、分配和处置活动），需要有系统的变化。为了制订未来不同的绿色转型方案，所有可能的利益相关者都应该参与，形成消费者、生产者和监管者之间新的关系网络。

　　第四，管理不确定性、风险和长期目标。过渡过程中存在各种不确定性。根据有限的信息和未来可能的风险倾向，模拟挑战任何产业政策并付诸实践，从而导致了宏观管理有效性的不确定性。在工业转型中，几乎所有的事情都岌岌可危。产业转型管理框架应通过多学科和务实的努力解决这些关键问题。预测的可靠性随着多学科参与的程度、系统的规模以及正在考虑的时间跨度而增加。工业转型和绿色产业政策一直面临着不确定性危险，需要探索评估方式和判断依据。

　　构想和实施可持续的产业转型过程，需要洞察力和想象力。可持续发展的长期愿景，可以作为制定政策和方案的指南，并制定短期和长期目标。这些设想必须具有吸引力和想象力，才能得到广泛行动者的支持。只有在转型过程中，才会产生最具创新性、最有前途、最可行的转型愿景。通过反复执行一个周期的四个步骤所需的过渡进行实际管理。长远来看，我们还需要开发新的技术、促进消费行为的改变和对新技术的接受度。

　　在经济发展的不同模式下，目前的产业结构、管理水平无法为绿色转型提供特定的解决方案。在某些情况下，新兴的绿色经济市场相关的经济机会将触发工业市场新秩序和竞争力的建立，并为绿色工业转型提供新的基础。换言之，选择新的技术可能会产生强大的拉力，并导致产业结构和发展水平的变化。在许多情况下，可能首先需改变规范和价值观，然后推动产业政策和技术创新。科学界应该对特定行业转型进行深入的案例研究，如对成功、失败、环境和产业政策方面的研究，重视中国各级政府对接国际环境机制。因此，目前没有一种办法可以直接支持工业转型所必需的基本创新。

政策和经济系统作为一个整体必须应对这一巨大挑战，而 ITGP 的实施将有助于解决这方面的挑战。

二、增长方式绿色转型

全球经济方式正在以前所未有的速度与规模进行根本性的"绿色"变革。2008 年全球金融危机后，绿色经济在国际上掀起了一场完美风暴；全球经济衰退，导致国际社会要求彻底转变当前发展方式向"绿色经济"转型。然而，这一概念首先出现在英国环境部绿色经济蓝图上。"绿色"增长是一个更具吸引力的词汇，将替代经济复苏比改回到"棕色"增长要好。一些国际组织试图给绿色经济或绿色增长定义。他们得出结论，尽管有一些警告，但绿色经济提供了更为健康的环境和更具包容性的经济活动以及改变经济活动所需的工具。他们对绿色经济概念的批评是过于紧密结合当前的系统，没有考虑到潜在增长极限，过于简单化，错误的问题模型和盲目乐观；在进行综合比较的同时，还没有探讨绿色经济活动的测度。

绿色增长政策旨在通过维护经济发展和人类福祉。合理利用自然资本，即提供原始资源的自然资源和生态系统，包括材料、能源、水和其他各种服务及福利依赖。这些政策必须建立在对绿色增长决定因素的充分理解上，还需对适当的信息和指标进行监测。监测绿色增长进展的指标需要嵌入概念框架，而指标应根据规定的标准选择。最终，它们需要能够向决策者和公众传达明确的信息，在国际上使用还需要建立在国际可比数据的基础上。

我们目前的增长和发展方式正在逐步达到环境承载上限。气候变化的影响越来越明显，现在转型升级已经产生了巨大的成本。为了确保未来的可持续发展，相关国家或地区经济发展必须转型到绿色增长的道路上来。然而，政策制定者往往对这类政策表示怀疑，担心绿色增长可能导致总体增长率较低，并可能损害减贫等社会发展目标。绿色经济转型最引人注目的论据之一是绿色经济战略有效地解决了社会发展和不平等问题。许多绿色增长倡议针对的是自然资源和农业，为绿色增长提供了巨大的空间，改善这些地区人民的生活，解决了一些最为敏感的地方的贫困问题。绿色增长有助于提高生产效率、提供更多的现代技术和改进生产力的举措，可以改变人们的日常成本、收入以及能够指引他们的生活，直接使许多人摆脱贫困、减少收入不平等的现象。

过去十年，绿色经济已成为发达国家和发展中国家可持续发展的一个重要政策框架，以便建成更高的资源效率、更低的碳排放、更少的环境破坏性、更具包容性的社会。绿色经济话题之间存在着张力，存在着许多不同的定义，它们都有重大缺陷。"弱转型"和"强势"绿色经济的不同基本概念进一步被复杂化了，几个重要的定义侧重于理想的绿色经济转型。为了实现和跟踪这种转变，经济和环境测量是必不可少的。目前的方法仍在发展中，由于缺乏可用的数据或与定义不一致，分析结果既不支持有效的决策，也不可能改变经济现状。针对目前的这种状况，需改进绿色经济转型的衡量标准，包括更科学、更快和更广泛的数据，以及更广泛测量 3E 相互作用的框架，以便更好地追踪绿色经济的转型轨迹。

发展中国家政府越来越致力于"绿化"经济。在《巴黎协定》的呼吁下，几乎所有政府同意建立脱碳国家路线图。此外，许多发展中国家政府还制定了旨在减少环境破坏足迹并将其转变为新竞争优势的综合性国家绿色增长战略。然而，考虑到技术路线和有关可持续性投资所需的规模，对工业化国家和发展中国家的经济影响几乎不可能被扩大。在"绿化"这一过程中，绿色转型与竞争优势之间的相互关系是复杂的，意味着多重协同和权衡。例如，一些绿色投资迅速获得回报，从而增强企业竞争力，而另一些则有较长的摊销期，并可能在短期或中期降低竞争力。金融机构认为它们没有将环境成本内化，它们的主要驱动因素是经济潜力，因此内化环境成本可能会削弱它们在国际贸易中的竞争优势。

总之，创新对绿色转型的影响，对国家或行业的竞争力，以及对贸易绩效都是十分明显的。同时，它们具有高度的相关性，因为绿色转型议程的政治购买实质上取决于利益相关方对经济共同利益和成本的期望。此外，大多数关于这些相互依存关系的研究都集中在经济合作与发展组织国家，而发展中国家对区域竞争优势驱动力的研究很少。因此，对发展中国家进行政策指导，以便在绿色转型和竞争力之间建立协同效应是至关重要的。一些绿色技术可能会刺激发展中国家的技术学习和提供参与全球价值链的机会，而另一些绿色技术则可能不适合当地的发展和生产。同样，绿色投资可能会有很高的前期成本，但可以提高某些行业的环境绩效与效率。环境政策可能会增加做生意的成本，但也可以促进创新，从而可能会完全抵消它们的负面效应。各国或许在绿色技术中获得先行者优势，获取尚未完全开发的产品或服务市场的份额。

三、科技创新融合绿色

科技创新融入绿色发展，因此可称作绿色创新（Green Innovation)。在当前的经济危机中，绿色创新作为解决气候变化、促进经济可持续增长的有效途径，在政府与工业界都得到了广泛的应用。科技创新融入绿色增长，不但可以实现人类健康目标、资源可持续发展、社会公平，而且还可以使区域发展从培育新的绿色产业中受益。就国内经济政策而言，科技创新融入绿色发展具有潜在的可持续性。在科技创新融入绿色增长过程中，绿色增长为科技创新提供了环境和发展目标，也为经济可持续发展提供了动力；唯有了解创新的高度复杂性、曲折性与漫长性，方能有效指导决策者、行业从业人员将更多创新性的解决方案付诸实践。绿色增长战略（Green Growth Strategy）是由科技创新来实现的，因此科技创新是绿色增长的前提条件；科技创新融入绿色发展是区域产业转型升级的唯一出路。

　　前沿绿色创新都集中在高收入地区。随着时间的推移，一些发展中地区的绿色创新也会越来越多。技术最先进的发展中地区正在成为重要的创新者，但只是在有限的几个技术领域。绿色创新可以扩大绿色生产与贸易潜力，金字塔式的绿色创新可使区域消费者的需求基础差缩小。因此，科技创新融入绿色发展重点放在三个互补方面：支持具有足够技术能力的地区，但也需要长期稳定的资金池与推动机制；促进追赶创新，它既能促进企业的技术吸收，又能刺激国际贸易和外国直接投资；在企业需求的刺激下，相关采购、规章和标准需要完善，技术吸收能力需要加强并改进现有的创新商业环境；绿色创新政策在不同地区其创新环境方面仍有相当大的进展空间。科技创新可以帮助产业转型升级，扩大区域经济发展潜力。

　　科技创新及其应用是工业创造新商业价值的关键。近年来，制造产业正转型升级，产品的生命周期和产业的绿色发展将被纳入考量范围。通过技术与非技术变革相结合，从而达到实质性的环境改善；常见的与可比的关键绩效指标，有助于衡量、提升生产设施的环保性能。这对提高资源、能源的生产和使用范围具有广泛意义上的创新，因为提高环保性能将创造未来新的产业与新的就业机会。然而，仅改进是不够的，工业必须重组，现有的突破性技术必须创造性地应用以实现绿色增长。对技术与基础设施的投资有助于创新，使生产、消费和服务的方式发生转变，从而助推产业转型。

四、制度创新绿色引领

制度创新（System Innovation）是区域产业转型发展的首要目标与重要驱动力，具有重要的引领作用。在当前与今后一段时间内，政府应尽快完善相关法律法规、政策制度建设，加强宣传和教育，为区域产业绿色创新与应用创造良好的制度环境、政策环境、市场环境与舆论氛围。与此同时，对生态保护（Ecological Protection）要提到一个新高度，加强生态立法，进一步完善生态保护法律法规体系；加强执法力度与对违法的处理力度，逐步形成科学发展、绿色发展的政绩导向。充分发挥区域制度创新优势，吸引世界高端人才，通过制度创新增强区域发展活力。

从总体上看，影响区域经济发展的因素众多，如矿产资源、生态环境、政策环境、人才环境等。目前，中国各地发展不平衡，人才流失严重，气候问题突出，生态环境（Ecological Environment）遭遇严重破坏，这使得区域经济发展面临着严峻的挑战。因此，必须改变落后的发展方式，区域经济需走绿色发展之路，使产业发展、增长方式向绿色转型，科技创新融合到绿色发展之中，制度创新引领带动绿色发展，从而增强区域综合竞争力。

制度创新是复杂的、不确定的，不同产业的制度创新会有所不同。区域产业如何发展涉及制度创新在产业结构转型（Industrial Structure Transformation）中的作用。从管理领域反推到多领域、多层次的思考，在实践中学习哲学，从而建立一个整体的、动态的创新体系。产业转型的制度创新是如何产生的？需要从多层次、多视角来审视，即需从微观层面、中观层面与宏观层面进行分析。微观层面是由技术利益形成的，这是激进创新的轨迹；中观层面是由社会技术制度形成的；宏观层面是由社会技术景观形成的，它包括影响社会技术发展更广泛的外生环境中的现象，如全球化、环境问题与文化变迁。因此，在区域产业绿色发展转型过程中，唯有制度创新方能带动产业转型。

本章小结

从总体上看，影响区域经济发展的因素众多，如矿产资源、生态环境、政策环境、人才环境等。目前，中国各地发展不平衡，人才流失严重，气候问题突出，生态环境遭遇严重破坏，这使得区域经济发展面临着严峻挑战。因此，必须改变落后的发展方式，区域经济需走绿色发展之路，使产业发展、增长方式向绿色经济转型，科技创新融合到绿色发展之中，绿色引领带动制度创新，从而增强区域竞争力。

第四章　区域经济绿色发展的评价指标体系

目前，区域经济指标体系研究多数以主观确定指标体系为主，而基于区域自身特点针对绿色发展评价的研究并不多见；多数以单独评价区域经济绿色发展的某一个领域，而将区域经济绿色发展作为一个复杂系统，全面、细致考察的研究则较为少见；多数以区域经济的相关理论进行探讨，而实证性、指导实践的研究则比较零散、不成体系。本书从教育、人才交流平台、政策导向、人才环境、生态环境、企业、自然资源等方面入手，构建区域经济绿色发展评价指标体系。

第一节　经济发展评估原则与方法

区域经济发展往往受到来自多方面因素的影响，用函数可以表示为

$$Y_{EG} = F(X_{TRE}, X_{NR}, X_{ETP}, X_{ED}, X_{EP})$$

$$Y_{EG} = F(X_{EI}, X_{TEP}, X_{PO}, X_{TE}, X_{ETP}, X_{NR}, X_{EP}, X_{ED})$$

Y_{EG} 表示区域经济增长，X_{TRE} 为人才根植环境变量，X_{NR} 为自然资源变量，X_{EI} 为教育投资变量，X_{TEP} 为人才交流平台变量，X_{PO} 为政策导向变量，X_{TE} 为人才环境变量，X_{ETP} 为企业环境变量，X_{EP} 为环境污染变量，X_{ED} 为生态破坏变量。通过这些变量的作用，不同区域的发展方式方能用函数表达。区域经济发展受自然资源与地理环境状况、人口与劳动力状况、资金状况、技术条件、历史文化传统、区域经济发展战略、政策环境与其他区域的互动关系等因素影响，呈现出多样性、复合性与变迁性。

一、指标体系框架模式

通过静态分析与动态分析相结合的方式对区域经济绿色发展的竞争力、制度创新进行研究，界定其内涵、特点及本质，构建相关指标体系与评价模型。区域经济绿色发展评价是一个动态的过程。通过研究不同时期区域发展规律与潜力，探索提升区域绿色竞争力的措施，供落后地区发展参考与借鉴。图4-1给出了区域经济绿色发展指标的构建流程图。

从图4-1的流程中我们可以看出：区域经济绿色发展的考核、评价与预警是一个相对复杂的过程。首先，得厘清被考核评估区域相关情况，以便明确所应选择的指标，从而确定区域评价的方法。其次，对所选取的指标进行无量纲化处理，进而确定各指标的权重。再次，将各具体指标的权重与区域绿色发展指标标准进行对比分析。最后，根据各具体指标的对比结果，进行加权计算后判定该区域是否属于绿色发展。若是，属于什么层级的发展？若不是，发布相关经济预警，并提出针对性建议。

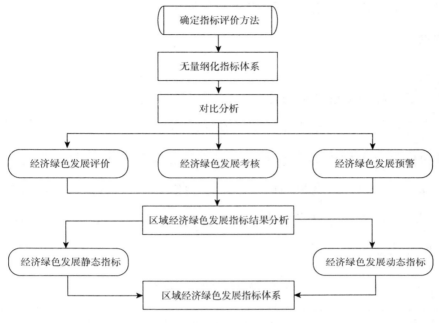

图4-1 区域经济绿色发展指标构建流程图

二、经济指标选取原则

指标选择是要为最终的区域绿色竞争力模型设计服务，所以要按照科学性与可操作性相统一、前瞻性和导向性相统一、独立性和完整性相统一以及动态性和稳定性相统一的原则，构建高效、系统且涵盖区域绿色竞争力主要构成要素的指标体系。合理确定权重，采取简明实用的评价方法，全面、科学和客观地评价区域绿色竞争力，为区域绿色发展战略制定和经济社会协调发展提供依据。张坤[①]认为评价指标的选定须能实时、客观、准确地反映区域绿色竞争力的现状和未来趋势，以便于预测与决策。随着统计数据的进一步完

---

① 张坤．区域绿色竞争力评价指标体系研究［D］．南昌：江西师范大学，2013．

善，须对经济指标进行合理的变动与调整，充分考虑其动态变化的特点。

三、经济发展评估方法

评价指标体系的形成过程是在区域竞争力、绿色竞争力和区域环境竞争力等理论的指导下，通过查阅相关资料和反复咨询专家，在综合对区域绿色竞争力内涵与影响因素分析的基础上，设计出一套区域绿色发展评价指标体系，并对指标体系不断进行完善。现有评价方法如表4-1所示。

表4-1 单一评价法的分类比较

类 别	优 点	缺 点
专家评价法	本领域专家具有丰富的专业知识背景，达到一致性的意见且具有权威性和代表性	仅以专家的主观意见作为判断依据，信服度不高
主观评价法	能够根据现实中各个指标的重要程度来进行赋权，体现出指标的差异	带有主观色彩的赋权并不一定就是科学的，评价结果会因主观意识产生误差
客观评价法	以测量为主，数据采样消除了主观的影响，计算结果易实现	客观评价法中通过计算得到的指标权数有限，表现不出该指标的重要程度，且同一指标体系会随样本不同而改变

第二节 自然环境评价指标体系

要对区域经济绿色发展的竞争力进行评价，首先要研究分析影响区域绿色化程度的相关因素，从而确定其评价内容与目标。区域经济绿色发展竞争力的核心是绿色，而绿色的核心内涵主要包括自然环境与人文环境。要界定区域绿色竞争力需评价区域经济是否属于绿色发展，而绿色发展评价首先必须建立自然环境指标体系。

一、区域内的自然资源种类分布指标

在永续发展的架构下，探究环境管制与产业成长的关系。检视现实环境质量与竞争力同时存在的可能性，须考虑产业与环境及生态之间的互动，以全新的思维来制定未来产业发展政策，进一步建构以永续发展为主轴的区域优势。要构建此优势，须对区域内自然资源的种类分布进行分类整理，建立相关的指标体系。区域内自然资源种类分布指标如表4-2所示。

表4-2 区域内自然资源种类分布指标

系统层	模块层	要素层
区域内自然资源种类分布指标	稀有资源	能源资源
		矿产资源
	一般资源	土地资源
		水资源
		生物资源
		气候资源

二、企业及高新企业引入与布局指标

某一区域发展怎么样、前景如何，关键在于当地是否对高新企业有吸引力。目前，国内大中型城市，甚至县级市都设有高新区，其目的就是吸引高新企业到本地设立研发基地与建厂，以促进当地经济发展。高新企业发展现状、性质、空间布局、管理体制等问题，以及城市间的相互竞争，使其面临极大的竞争压力。政府扶持力度、资金投入、空间布局、科技力量、管理体制等因素，也会影响企业，特别是高新企业的入驻。影响企业及高新企业引入与布局的指标如表4-3所示。

表4-3 企业及高新企业引入与布局指标

系统层	模块层	要素层
企业及高新企业引入与布局指标	硬环境	政府财政支出
		政策导向
		激励机制
		交通环境
	软环境	高等院校数量
		人才结构
		人文环境
		生活环境

三、区域内企业发展与环境代价指标

区域经济绿色发展的基本前提是我们的社会经济活动不能超出生态系统的承载容量范围。地球资源环境容量是一定的，也就是说，生态供给是固定的，对生态的需求如果超出地球生态系统的供给能力，生态退化就不可避免，自然就会受到破坏。要使人口资源环境相均衡、经济社会生态效益相统一，应按照生态文明的理念和原则，尊重、顺应、保护自然，不仅要使生态的天然供给处于最佳状态，更重要的是要控制对生态的需求，也就是我们的生态足迹必须低于生态承载能力，确保生态安全，才能实现我们的宏伟蓝图，即区域经济绿色发展必须考虑企业发展与环境代价问题。区域内企业发展

与环境代价指标如表4-4所示。

表4-4　区域内企业发展与环境代价指标

系统层	模块层	要素层
区域内企业发展与 环境代价指标	环境代价	土地污染
		水质污染
		空气污染
		噪声污染
		电磁污染

第三节　人才环境评价指标体系

在人类所拥有的一切资源中，人力资源是第一宝贵的，因此，人力资源自然成了现代管理的核心。人力资源管理（Human Resource Management，HRM）理论最早起源于经济学研究。20世纪60年代，美国经济学家舒尔茨和贝克尔创立人力资本理论，开辟了关于人类生产能力的崭新思路。不断提高人力资源开发与管理的水平，不仅是发展经济、提高市场竞争力的需要，也是一个国家、一个民族、一个地区长期兴旺发达的重要保证，有利于人才充分开发自身潜能、适应社会、改造社会。因此，对于区域绿色程度的影响因素与绿色竞争力进行分析，特别是对人才环境指标体系的分析有着十分重要的现实价值。深入剖析当前的各种人才环境指标体系，结合区域经济发展的实际情况，构建区域经济绿色发展人才指标体系意义深远。

一、区域内教育投入与人才发展指标

在当今竞争激烈的世界里，人力资源已被公认为经济增长的关键所在。从这个意义上说，高技能和受过高等教育的人才流入可能会促进人力资本积累，促进创新活动，增强内生能力，促进区域经济的增长潜力。如何吸引人才，得看人才感兴趣的是什么。经调查发现，人才对区域的教育投资（Educational Investment，EI）十分关注。区域内教育投入与人才发展指标如表4-5所示。

表4-5 区域内教育投入与人才发展指标

系统层	模块层	要素层
区域内教育投入与人才发展	教育投入	硬件设施
		师资力量
		学校管理
		政府管理
	人才发展	资源投入
		资源数量
		资源结构
		资源质量

二、高端人才引进及交流平台建设指标

人才引进是区域经济发展的重要工程。吸引人才的关键是为他们创造一个良好的环境。人才根植环境（Talent Rooting Environment，TRE）模型中发现了两个基本因素：人才引进（Talent Introduction，TI）和人才发展（Talent Development，TD）。唯有满足这两要素方能

使人才具有根植区域的意愿。人才除了对区域的教育投资感兴趣之外，对人才交流平台（Talent Exchanging Platform，TEP）也十分关注。高端技术人才引进及交流平台建设指标如表4-6所示。

表4-6 高端技术人才引进及交流平台建设指标

系统层	模块层	要素层
高端技术人才引进及交流平台建设	人才引进	个人素质
		纳税情况
		参保情况
		居住条件
		年　龄
		社会服务
		诚信记录
		计生状况
	交流平台	政府政策
		专家层次
		交流环境
		组织方式
		共享平台

三、区域内人才环境及政策导向指标

人才管理是一项独特的技能，它将所有与人才生命周期管理相关的活动和职责集成起来，抛开地理位置因素获取人才并留住人才。成功的关键在于利用财务和非财务资源对人才价值进行投资。在过去的四十年，因政策导向（Policy Orientation，PO）的不确定性已经使中国流失了大量人才。其主要原因在于人才环境（Talent Environment，TE）没有真正满足人才需求。若区域政府实施并兑现对人才的承诺，很可能会获得积极的回报。区域内人才环境及政策导向指

标如表 4-7 所示。

表 4-7　区域内人才环境及政策导向指标

系统层	模块层	要素层
区域内人才环境及政策导向	人才环境	教育环境
		医疗环境
		卫生环境
		生活环境
		工作环境
		周围人员素质
		薪资报酬
		区域的吸引力
	政策导向	创新导向
		产业导向
		经济导向
		教育导向
		宏观政策导向

本章小结

本章从教育投资、人才交流平台、政策导向、人才环境、生态环境、企业、自然资源等方面入手，按照科学性与可操作性相统一、前瞻性与导向性相统一、独立性与完整性相统一以及动态性与稳定性相统一的原则，构建高效、系统且涵盖区域绿色竞争力主要构成要素的指标体系。

第五章　区域经济绿色发展的综合评估模型

为了排除主观因素的干扰与操作便利，本书主要采取因子分析法（Factor Analysis Method）来进行综合评价，并且在客观赋权法（Objective Weighting Method）中选取因子分析法。因子分析法主要采取降维处理，能用少数因子反映或描述更多指标以及因素之间的联系。

第一节　区域经济绿色发展综合评估模型

定量分析过程中，必须建立科学、完善的指标体系。为了对区域经济发展状况有一个全面、准确且客观的评价，在进行评价的过程中需要采用定性与定量相结合的方式进行。区域经济发展涉及面广，在评价区域综合发展水平时，必须计算出一个综合指数，才能知道区域当前绿色发展水平及处于何种阶段。

一、因子分析法

因子分析法即从研究变量内部依赖关系出发，把一些具有错综复杂关系的变量"降维"至少数几个综合因子的一种多变量统计分析方法。它的基本思想是将观测变量进行分类，将相关性较高的变量分在同一类中，而不同类型变量之间的相关性则较低，每一类变量实际上就代表了一个基本结构，即公共因子。对于所研究的问题，就是试图用最少个数且不可测的所谓公共因子的线性函数与特殊因子之和来描述原型观测的每一分量。

因子分析的基本过程：首先，将指标原始数据标准化，建立各指标相关系数矩阵并计算其特征值和方差累积贡献率；其次，根据特征值大于方差累积贡献率来确定公共因子，并对公共因子进行正交或斜交变换；最后，计算公共因子和因子综合得分。设有 m 个样本，每个样本有 n 项指标（变量）X_1，X_2，X_3，$\cdots$，X_n，这 m 个样本之间有较强的相关性（有较强的相关性才能从原始变量中提取公共因子）。用 F_1，F_2，$\cdots$，$F_P(P < m)$ 表示公共因子。则一般因子分析模型可表示为

$$\begin{cases} X_1 = a_{11}F_1 + a_{12}F_2 + \cdots + a_{1P}F_P + \varepsilon_1 \\ X_2 = a_{21}F_1 + a_{22}F_2 + \cdots + a_{2P}F_P + \varepsilon_2 \\ \qquad\qquad\qquad \cdots \\ X_n = a_{n1}F_1 + a_{n2}F_2 + \cdots + a_{nP}F_P + \varepsilon_3 \end{cases} \qquad (5-1)$$

因子分析法的相关步骤[①]如下：

---

① 沈红丽. 因子分析法和熵值法在高校科技创新评价中的应用 [J]. 河北工业大学学报，2009，38（1）：36-42.

（1）数据进行预处理。预处理一方面是为了使标准化后原始数据服从正态分布；另一方面是为了方便运算，对不同变量进行无量纲化处理。

（2）计算相关系数矩阵 $E_{relevant}$ 的特征值与贡献率。经过预处理后，建立各项评价指标的相关系数矩阵 $E_{relevant}$，并求取各因子的贡献率与累积贡献率。

（3）计算因子载荷矩阵 E_{load}。

（4）计算因子得分。

结构方程模型（Structural Equation Modeling，SEM）是一种多元分析技术，它包含标准方法，并在标准方法的基础上进行了扩展。这些方法包括回归技术、因子分析、方差分析和相关分析。Amos 适合进行协方差结构分析，是一种处理结构方程模型的软件。SEM 适用于处理复杂多变量数据的探究与分析。Amos 可以同时分析许多变量，是一种功能强大的统计分析工具。

二、数据来源

为了建立相应的评估模型与标准，笔者查阅了大量的文献资料，并借助于网络搜集研究所需的相关数据。本书数据来源主要包含两部分，一部分来自政府部门的公开数据：四川统计网站（http：//www. sc. stats. gov. cn/tjcbw/tjnj/）与中华人民共和国国家统计局（http：//www. stats. gov. cn/ztjc/xxgkndbg/gjtjj/）的统计年鉴；另一部分数据资料来自调查问卷（调查问卷详见附录）。调查问卷设计阶段，对受调查问卷内容利用社会学相关知识进行分析，并采用技术接受模型（Technology Acceptance Model，TAM）对调查问卷进行了优化。为了使调查问卷顺利进行，使受调查者更易接受调查问卷，主要采用现场问卷、QQ、微信与电子邮件的方式。调查问卷共 7153 份，有效样本 6326 份；经多元正态分布检验，样本服从正态分布。

在问卷调查过程中，采用了社会学相关方法。社会学是系统研究社会行为与人类群体的学科。社会学的研究范围广泛，包括了微观层级的社会行动或人际互动、宏观层级的社会系统或结构，因此社会学通常跟经济学、政治学、人类学、心理学、历史学等学科并列于社会科学领域之下。社会学的研究方法主要有社会调查，通过调查搜集资料来考察社会现象的科学活动。调查可分为普查、抽样调查和典型调查，其中抽样调查是社会学研究中运用较广泛的调查方法。实验，即通过人为地控制环境、情景和影响因素，然后操纵原因变量，考察变量之间的因果关系。在社会研究中，实验法主要应用于社会心理学研究和小群体研究。个案研究，是对少量社会单位如个人、团体、社区等，做长期而深入的考察，了解其详细状况和发展过程的方法。它包括对个人、群体的生活史或发展史的考察，对行为动机和社会文化背景的理解以及对社会单位与整个社会环境之间的复杂联系的分析。个案研究常与长期观察相结合。间接研究，是利用第二手资料考察历史事件和社会现象的研究方式，也有人称之为文献研究。它包括历史文献的考据、社会历史发展过程的比较、统计文献的整理与分析、理论文献的阐释，以及对文字资料中的信息内容进行数量化分析等。间接研究方法常用于理论研究和社会变迁研究。研究样本基本信息如图 5-1 至图 5-7 所示。

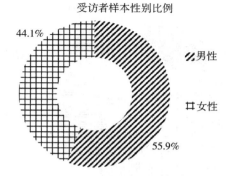

图 5-1 调查问卷样本中的性别比例

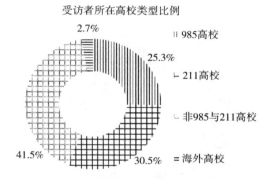

图 5-2 调查问卷样本中的学校类型

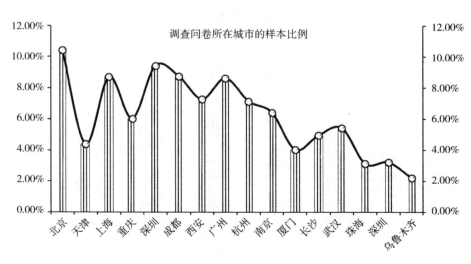

图 5-3 调查问卷样本中的城市分布

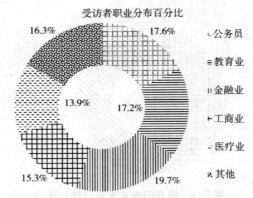

图 5-4 调查问卷样本中的职业分布

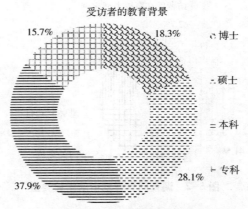

图 5-5 调查问卷样本中的学历分布

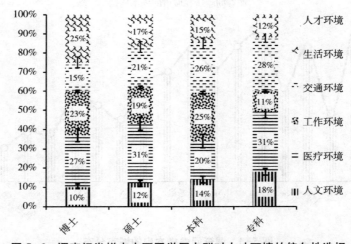

图 5-6 调查问卷样本中不同学历人群对人才环境的偏向性选择

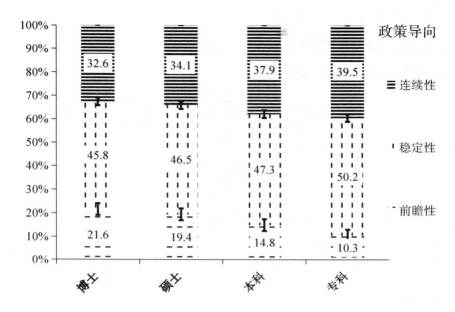

图5-7　调查问卷样本中不同学历人群对政策导向的偏向性选择

三、假设及结果

（一）区域经济绿色增长过程中，我们提出自然环境相关假设（图5-8a）如下：

H1：ENT 与 REG 呈正相关。

H2：TRE 与 REG 呈正相关。

H3：NR 与 REG 呈正相关。

H4：EP 与 REG 呈负相关。

H5：ED 与 REG 呈负相关。

H6：EP 与 NR 呈负相关。

H7：ED 与 NR 呈负相关。

H8：EP 与 ENT 呈负相关。

H9：EP 与 TRE 呈负相关。

H10：ED 与 ENT 呈负相关。

H11：ED 与 TRE 呈负相关。

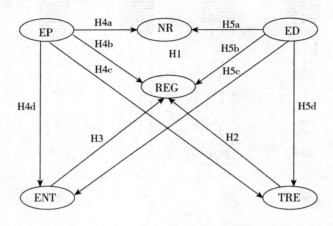

图5-8a 假设与组织情境要素概念路径模型

注：TRE-talents rooting environment（人才根植环境），REG-regional economic growth（区域经济增长），ED-ecological destruction（生态破坏），ENT-enterprise（企业），EP-environmental pollution（环境污染），NR-natural resources（自然资源）。

（二）区域经济绿色增长过程中，我们提出人才环境相关假设（图5-8b）如下：

H1：TRE 与 REG 呈正相关。

H2：NR 与 REG 呈正相关。

H3：TI 与 TRE 呈正相关。

H4：TD 与 TRE 呈正相关。

H5：TE 与 TI 呈正相关。

H6：TE 与 TD 呈正相关。

H7：PO 与 TI 呈正相关。

H8：PO 与 TD 呈正相关。

H9：TEP 与 TI 呈正相关。

H10：TEP 与 TI 呈正相关。

H11：EI 与 TI 呈正相关。

H12：EI 与 TD 呈正相关。

H13：PO 与 TE 呈正相关。

H14：TEP 与 PO 呈正相关。

H15：EI 与 TEP 呈正相关。

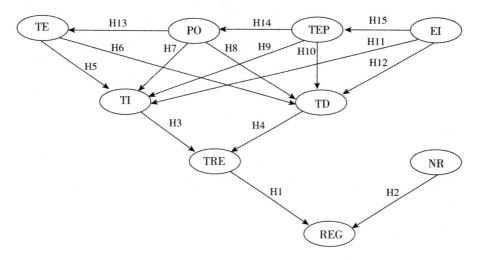

图 5-8b 假设与组织情境要素概念路径模型

注：EI-educational investment（教育投资），TEP-talents exchanging platform（人才交流平台），PO-policy orientation（政策导向），TE-talents environment（人才环境），TI-talents introduction（人才引进），TD-talents development（人才发展），TRE-talents rooting environment（人才根植环境），NR-natural resources（自然资源），REG-regional economic growth（区域经济增长）。

（三）图 5-9a 与图 5-9b 展示了潜在变量之间的假设关系。箭头上的值表示执行 SEM 分析后获得的相关标准化回归权重，这里的推论是基于路径估计值。

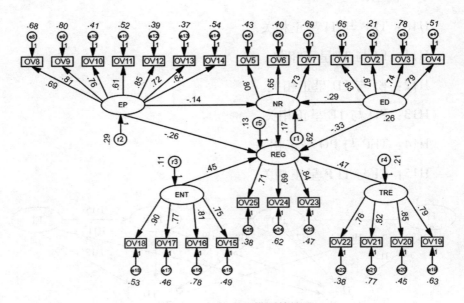

图 5-9a　结构方程模型的结果

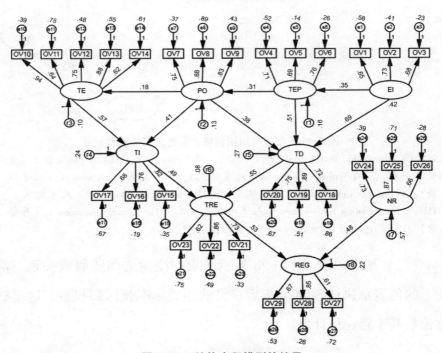

图 5-9b　结构方程模型的结果

注：OV－observation variable（观测变量），e－error（误差），r－residual or deviation（残差）。

根据调查目的设计的调查问卷是一种测量工具，Cronbach's α 系数是克隆巴赫（Cronbach）于 1951 年创立的，用于评价问卷的内部一致性。α 系数取值在 0 到 1 之间，α 系数越高，信度越高，问卷的内部一致性越好；Cronbach's α 系数不仅适用于两级记分的问卷，还适用于多级计分的问卷；低信度：$\alpha < 0.35$，中信度：$0.35 < \alpha < 0.70$，高信度：$0.70 < \alpha$。表 5-1a 与表 5-1b 为模型信度值。

表 5-1a 用于测量模型中各变量 Cronbach's α 系数

模型变量	TRE	ENT	ED	EP	NR	REG
α 系数	0.90	0.92	0.81	0.85	0.83	0.88

表 5-1b 用于测量模型中各变量 Cronbach's α 系数

模型变量	EI	TEP	PO	TE	TD	TI	TRE	NR	REG
α 系数	0.91	0.75	0.86	0.79	0.87	0.85	0.90	0.83	0.88

从表 5-1a 与表 5-1b 可以看出：Cronbach's α 值皆达 0.70 以上，表明问卷信度良好。样本的人口统计信息如表 5-2 所示。

表 5-2 样本的人口统计信息

人口统计特征	类别	频次	百分比	均值	标准偏差
性 别	男 性	2905	45.9	/	/
	女 性	2758	43.6		
	总 计	5663	89.5		
年 龄	20~24	598	9.5	30.27	2.56
	25~28	1377	21.8		
	28~33	1964	31.0		
	33~36	905	14.3		
	36≤	709	11.2		
	总 计	5553	87.8		

续表

人口统计特征	类别	频次	百分比	均值	标准偏差
学 历	本 科	2936	46.4	/	/
	硕 士	1901	30.1		
	博 士	905	14.3		
	总 计	5742	90.8		
工作经验	1—5	2603	41.1	6.63	2.91
	6—10	1981	31.3		
	10<	1206	19.1		
	总 计	5790	91.5		

效度①是指测量工具的准确性。问卷的准确性或称为有效性是用问卷的效度加以刻画的，它反映出问卷的系统误差的控制程度。表 5-3a 与表 5-3b 展示了模型各变量之间的相关性，表 5-4 为推荐拟合优度值，表 5-5a 与表 5-5b 为模型实际拟合优度。

表 5-3a 概念路径模型的潜变量之间的相关性

模型变量	REG	ENT	TRE	NR	ED
REG	1				
ENT	0.559***	1			
TRE	0.586***	0.693***	1		
NR	0.607***	0.635***	0.337	1	
ED	−0.446***	−0.530	−0.509	−0.382***	1
EP	−0.364***	−0.475	−0.417	−0.216***	0.474***

注：（*）显著性 p 值在 0.05 水平，（**）显著性 p 值在 0.01 水平，（***）显著性 p 值在 0.001 水平。

---

① 赵亚蕊. 供应链虚拟整合的动因及效能结果研究 [D]. 成都：西南财经大学，2013.

表 5-3b 概念路径模型的潜变量之间的相关性

模型变量	REG	NR	TRE	TI	TD	TE	PO	TEP	EI
REG	1								
NR	0.536***	1							
TRE	0.589***	0.218*	1						
TI	0.236**	0.347*	0.547***	1					
TD	0.282**	0.139*	0.601***	0.315***	1				
TE	0.361*	0.046*	0.461***	0.626***	0.341	1			
PO	0.284***	0.135**	0.504***	0.481***	0.437***	0.196***	1		
TEP	0.179*	0.132*	0.364***	0.197	0.561***	0.391***	0.378***	1	
EI	0.373**	0.257*	0.410***	0.316	0.704***	0.325***	0.436***	0.402***	1

注：（＊）显著性 p 值在 0.05 水平，（＊＊）显著性 p 值在 0.01 水平，（＊＊＊）显著性 p 值在 0.001 水平。

表 5-4 推荐拟合优度值

拟合指数	理想范围
$\chi^2/\mathrm{d}f$（χ^2：卡方，$\mathrm{d}f$：自由度）	<2（非常适合）
	≤3（适合）
	>5（适合度较低）
RMSEA（近似均方根误差）	小于 0.05 的值表示拟合良好
	高于 0.08 的值代表合理的拟合
	0.08 到 0.10 之间的值代表中等拟合
	值>1.0 表示拟合度较差
GFI（适配度指数）	≥.90 接近 1 越合适
AGFI（平均拟合优度指数）	≥.90 接近 1 越合适
CFI（比较拟合指数）	≥.90 接近 1 越合适

表 5-5a 模型的拟合参数

Chi-Square (χ^2)	df	χ^2/df	GFI	RMSEA	AGFI	NFI	CFI
341. 905	268	1. 276	0. 945	0. 0319	0. 933	0. 931	0. 975

注：NFI- normed fit index，标准化拟合指数。

表 5-5b 模型的拟合参数

Chi-Square (χ^2)	df	χ^2/df	GFI	RMSEA	AGFI	NFI	CFI
728. 910	365	1. 997	0. 943	0. 0371	0. 932	0. 930	0. 968

由表 5-3a、5-3b 与表 5-5a、5-5b 对比可以看出：模型各项参数拟合度值非常好。

第二节 区域经济绿色发展综合评估方法与标准

构建区域经济绿色发展评估指标体系的实质是建立一个反映区域经济绿色发展的模型，并通过获得的信息指导评价。因此，所建模型成功与否的重要依据是模拟结果能否全面真实地反映区域绿色发展的信息。合理的建模应该能够真实地反映现实情况。

区域经济绿色发展是一个相对抽象的概念，评估标准可以通过很多指标进行综合的判定，也可以选取最基本的因素进行判定。但经济系统是一个开放、变化的复杂系统，目前还没有一个行之有效的标准与方法。因此，在区域经济绿色发展尺度阈值计算时，若要考虑自然环境与人才环境之间在时空上的累积效应所带来的影响，就必须建立一套经济绿色发展评估方法与标准。

一、结构方程模型

态度、行为等变量，往往含有误差，也不能简单地用单一指标测量。结构方程分析容许自变量和因变量均含测量误差。变量也可用多个指标测量。用传统方法计算的潜变量间相关系数与用结构方程分析计算的潜变量间相关系数，可能相差很大。因此，本书对潜变量间相关系数调查问卷的研究采用了结构方程模型进行分析处理。

结构方程模型（Structural Equation Models，SEM），早期称为线性结构方程模型（Linear Structural Relationships，LISREL）或称为共变量结构分析（Covariance Structure Analysis）。结构方程模型中有两个基本模型：测量模型与结构模型。测量模型由潜变量与观察变量两部分组成。就数学定义而言，测量模型是一组观察变量的线性函数。主要目的在于考验潜在变量与外显变量之间的关系，此种关系犹如古典测验理论中真分数与实得分数之关系。它结合了因素分析与路径分析，包含测量与结构模式。

结构方程的回归方程式可以用如下矩阵方程式表达[①]：

$$X = \Lambda_x \times \xi + \delta \tag{5-2}$$

$$Y = \Lambda_y \times \eta + \varepsilon \tag{5-3}$$

其中，$X = p \times 1$ 为外生观察变量向量，$Y = q \times 1$ 为内生观察变量向量，$\xi = m \times 1$ 为外生潜变量向量，$\eta = n \times 1$ 为内生潜变量向量，$\Lambda_x = p \times m$ 为外生潜变量的因子载荷矩阵，$\Lambda_y = q \times n$ 为内生潜变量的因子载荷矩阵，$\delta = p \times 1$ 为测量误差向量，$\varepsilon = q \times 1$ 为测量误差向量，δ 与 ε 代

---

① LIU M Y. Cognition of Regional Economic Growth Based on China's Intellectual Class [J]. Frontiers in Sustainability，2022，2（3）：1-14.

表不能被潜在变量解释的部分。下面的测量模型方程可以从图 5-9a 和图 5-9b 中获得。

$$\begin{cases} OV1=0.83ED+0.65 \\ OV2=0.67ED+0.21 \\ OV3=0.74ED+0.78 \\ OV4=0.79ED+0.51 \end{cases} \tag{5-4}$$

$$\begin{cases} OV5=0.80NR+0.43 \\ OV6=0.65NR+0.40 \\ OV7=0.73NR+0.69 \end{cases} \tag{5-5}$$

$$\begin{cases} OV8=0.69EP+0.68 \\ OV9=0.81EP+0.80 \\ OV10=0.76EP+0.41 \\ OV11=0.61EP+0.52 \\ OV12=0.85EP+0.39 \\ OV13=0.75EP+0.37 \\ OV14=0.64EP+0.54 \end{cases} \tag{5-6}$$

$$\begin{cases} OV15=0.75ENT+0.49 \\ OV16=0.81ENT+0.78 \\ OV17=0.77ENT+0.46 \\ OV18=0.90ENT+0.53 \end{cases} \tag{5-7}$$

$$\begin{cases} OV19=0.79TRE+0.63 \\ OV20=0.85TRE+0.45 \\ OV21=0.82TRE+0.77 \\ OV22=0.76TRE+0.38 \end{cases} \tag{5-8}$$

$$\begin{cases} OV23 = 0.84REG + 0.47 \\ OV24 = 0.69REG + 0.62 \\ OV25 = 0.71REG + 0.38 \end{cases} \quad (5-9)$$

$$\begin{cases} OV1 = 0.65EI + 0.58 \\ OV2 = 0.73EI + 0.41 \\ OV3 = 0.68EI + 0.23 \end{cases} \quad (5-10)$$

$$\begin{cases} OV4 = 0.71TEP + 0.52 \\ OV5 = 0.69TEP + 0.14 \\ OV6 = 0.76TEP + 0.26 \end{cases} \quad (5-11)$$

$$\begin{cases} OV7 = 0.75PO + 0.37 \\ OV8 = 0.68PO + 0.89 \\ OV9 = 0.83PO + 0.43 \end{cases} \quad (5-12)$$

$$\begin{cases} OV10 = 0.94TE + 0.39 \\ OV11 = 0.64TE + 0.75 \\ OV12 = 0.75TE + 0.48 \\ OV13 = 0.88TE + 0.55 \\ OV14 = 0.62TE + 0.61 \end{cases} \quad (5-13)$$

$$\begin{cases} OV15 = 0.82TI + 0.35 \\ OV16 = 0.76TI + 0.19 \\ OV17 = 0.68TI + 0.67 \end{cases} \quad (5-14)$$

$$\begin{cases} OV18 = 0.72TD + 0.86 \\ OV19 = 0.89TD + 0.51 \\ OV20 = 0.75TD + 0.67 \end{cases} \quad (5-15)$$

$$\begin{cases} OV21=0.73TRE+0.33 \\ OV22=0.86TRE+0.49 \\ OV23=0.62TRE+0.75 \end{cases} \quad (5-16)$$

$$\begin{cases} OV24=0.73NR+0.39 \\ OV25=0.87NR+0.71 \\ OV26=0.66NR+0.28 \end{cases} \quad (5-17)$$

$$\begin{cases} OV27=0.61REG+0.72 \\ OV28=0.85REG+0.26 \\ OV29=0.67REG+0.53 \end{cases} \quad (5-18)$$

结构模型被称为因果模型。主要解释潜变量之间的关系，它是这样表示的：

$$\eta = \Gamma\xi+\zeta \ or \ \eta=\beta\eta+\Gamma\xi+\zeta \quad (5-19)$$

其中，η 为内生潜变量向量，ξ 为外生潜变量向量，β 为内生潜变量系数矩阵，Γ 为外生潜变量对内生潜变量的结构系数矩阵，ζ 为结构方程模型中的测量误差或残差项，代表模型不能解释的部分。下面的结构模型方程可以从图 5-9a 和图 5-9b 中获得。

$$Y_{REG} = 0.47X_{TRE} + 0.45X_{ENT} + 0.50X_{NR} - 0.26X_{EP} - 0.33X_{ED} - 0.07$$
$$(5-20)$$

$$Y_{NR} = -0.29X_{ED} - 0.14X_{EP} - 0.38 \quad (5-21)$$

$$Y_{REG} = 0.53X_{TRE} + 0.48X_{NR} + 0.63 \quad (5-22)$$

$$Y_{TRE} = 0.55X_{TD} + 0.49X_{TI} + 0.29 \quad (5-23)$$

$$\begin{cases} Y_{TI} = 0.57X_{TE} + 0.41X_{PO} + 0.24 \\ Y_{TE} = 0.18X_{PO} + 0.10 \end{cases} \quad (5-24)$$

$$\begin{cases} Y_{TD} = 0.69X_{EI} + 0.51X_{TEP} + 0.38X_{PO} + 0.27 \\ Y_{TEP} = 0.35X_{EI} + 0.16 \\ Y_{PO} = 0.31X_{TEP} + 0.13 \end{cases} \qquad (5-25)$$

由方程（5-20），（5-21），（5-22），（5-23），（5-24），（5-25），可以得 Y_{REG} 表达式：

$$Y_{REG} = 0.383X_{EI} + 0.281X_{TEP} + 0.409X_{PO} + 0.279X_{TE} + 0.454X_{ENT}$$
$$+ 0.982X_{NR} - 0.258X_{EP} - 0.332X_{ED} + 0.486 \qquad (5-26)$$

上式归一化处理后，可得：

$$Y_{REG} = 0.174X_{EI} + 0.128X_{TEP} + 0.186X_{PO} + 0.127X_{TE} + 0.207X_{ENT}$$
$$+ 0.447X_{NR} - 0.117X_{EP} - 0.151X_{ED} + 0.221 \qquad (5-27)$$

或

$$Y_{REG} = 0.174X_{EI} + 0.128X_{TEP} + 0.186X_{PO} + 0.127X_{TE} + 0.207X_{ENT}$$
$$+ 0.447X_{NR} - 0.117X_{EP} - 0.151X_{ED} + \theta \qquad (5-28)$$

其中，相关绿色发展指标取值范围详见表5-6。

表5-6　相关绿色发展指标取值范围

指 标	R_{EI}	R_{TEP}	R_{PO}	R_{TE}	R_{ENT}	R_{NR}	R_{EP}	R_{ED}	θ
下 限	0.164	0.118	0.176	0.117	0.197	0.437	-0.127	-0.161	-0.221
上 限	0.184	0.138	0.196	0.137	0.217	0.457	-0.107	-0.141	0.221

二、综合评估方法

综合评价过程就是根据系统的条件给每个评价对象赋予一个评价值，据此择优排序，构成综合评价的基本要素、评价对象、评价指标以及评价模型等。建立评价指标后为了便于比较分析，应进行无量纲化处理，将无法比较的不同量纲指标实际值转化为无量纲评价值。

$$R_{REG} = \frac{Y_{REG\_after} - Y_{REG\_previous}}{Y_{REG\_previous}} \times 100\% \qquad (5-29)$$

式（5-29）中：R_{REG} 为经济增长率；Y_{REG_after} 为一年或一个周期后区域经济发展增长值；$Y_{REG\_previous}$ 为区域经济发展前的增长值。当区域经济发展后，若增减率 R 超过 1%，则认为增长值对区域经济发展有影响，从而评估增长值是否影响区域经济绿色发展。

从式（5-28）中可以得出：经济增长受多种因素影响，且它们彼此为并行关系。因此，经济增长率 R 应综合考虑，即每一个影响因子都应做相应的判定。

$$R_{EI} = \frac{Y_{EI\_after} - Y_{EI\_previous}}{Y_{EI\_previous}} \times 100\% \qquad (5-30)$$

$$R_{TEP} = \frac{Y_{TEP\_after} - Y_{TEP\_previous}}{Y_{TEP\_previous}} \times 100\% \qquad (5-31)$$

$$R_{PO} = \frac{Y_{PO\_after} - Y_{PO\_previous}}{Y_{PO\_previous}} \times 100\% \qquad (5-32)$$

$$R_{TE} = \frac{Y_{TE\_after} - Y_{TE\_previous}}{Y_{TE\_previous}} \times 100\% \qquad (5-33)$$

$$R_{ENT} = \frac{Y_{ENT\_after} - Y_{ENT\_previous}}{Y_{ENT\_previous}} \times 100\% \qquad (5-34)$$

$$R_{NR} = \frac{Y_{NR\_after} - Y_{NR\_previous}}{Y_{NR\_previous}} \times 100\% \qquad (5-35)$$

$$R_{EP} = \frac{Y_{EP\_after} - Y_{EP\_previous}}{Y_{EP\_previous}} \times 100\% \qquad (5-36)$$

$$R_{ED} = \frac{Y_{ED\_after} - Y_{ED\_previous}}{Y_{ED\_previous}} \times 100\% \qquad (5-37)$$

注：R_{EI}，R_{TEP}，R_{PO}，R_{TE}，R_{ENT}，R_{NR}，R_{EP}，R_{ED} 分别为教育投资增长率、人才交流平台提升率、政策导向正确率、人才环境舒适率、企业提升率、自然资源容载率、环境污染改善率与生态破坏改善率。

三、综合评估标准

根据中国中央政府及四川省政府部门的公开数据，即四川统计网站（http：//www.sc.stats.gov.cn/tjcbw/tjnj/）、中华人民共和国国家统计局（http：//www.stats.gov.cn/ztjc/xxgkndbg/gjtjj/）的统计年鉴以及美国近年来经济的增长速度、国内外相关机构研究成果以及中国历年经济增速①作为参考（详见图 5-10），制定区域经济绿色发展标准。

经济增长及其预测没有固定模式可言。因此，在制定相关评估标准时，一方面应以改革开放以来中国各省份经济增长、能源消耗、环境污染、生态破坏、企业发展等综合数据为基础；还需要考虑政策、税收等对区域经济增长的影响，特别是国家绿色发展政策，对经济影响特别大。另一方面需参考国内相关机构、相关文献及其他多方面因素，同时需要对国内外相关评估机构对经济增长的评估做法进行学习与借鉴。本书借鉴欧美等发达国家发展成果，结合国内外相关统计数据，构建区域经济绿色发展的综合评估标准。由于区域经济所处阶段不一样，其增长率也会发生动态变化，具体评估标准详见下列诸表（表 5-7 至表 5-15）。

---

① 陈功．对于 2018 中国经济的 22 个预测［R/OL］．金融界，2018-01-08.

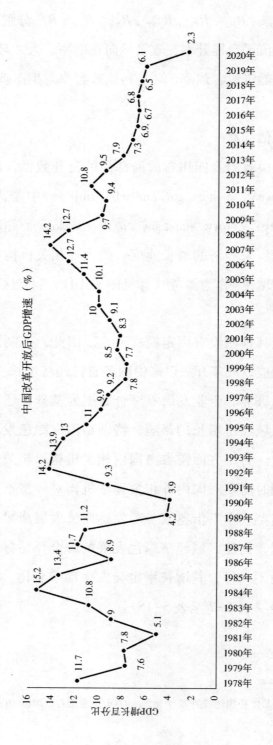

中国改革开放后GDP增速（%）

图 5-10 中国历年经济增速（%）

表 5-7　区域经济绿色发展的经济增长率评估标准

指标	发展阶段											
	初级				中级				高级			
	(0%~3%)	(3%~6%)	(6%~9%)	(over9%)	(0%~2%)	(2%~5%)	(5%~6%)	(over6%)	(0%~0.8%)	(0.8%~2%)	(2%~3%)	(over3%)
R_{REG}	低速	中速	高速	超高速	低速	中速	高速	超高速	低速	中速	高速	超高速
	非绿色				非绿色	浅绿	中绿	近绿	绿色			

表 5-8　区域经济绿色发展的教育投资评估标准

指标	发展阶段											
	初级				中级				高级			
	(0%~3%)	(3%~6%)	(6%~9%)	(over9%)	(0%~2%)	(2%~4%)	(4%~5%)	(over5%)	(0%~0.7%)	(0.7%~1.3%)	(1.3%~2.6%)	(over2.6%)
R_{EI}	低速	中速	高速	超高速	低速	中速	高速	超高速	低速	中速	高速	超高速
	非绿色				非绿色	浅绿	中绿	近绿	绿色			

表5-9　区域经济绿色发展的人才交流平台评估标准

指标 R_{TEP}	初级阶段	专家数量	（0%~8%）	低速	非绿色
		专家类别	（0%~6%）		
		交流平台层次	（0%~5%）		
		专家数量	（8%~15%）	中速	
		专家类别	（6%~11%）		
		交流平台层次	（5%~9%）		
		专家数量	（15%~19%）	高速	
		专家类别	（11%~14%）		
		交流平台层次	（9%~13%）		
		专家数量	（over 19%）	超高速	
		专家类别	（over 14%）		
		交流平台层次	（over 13%）		
	中级阶段	专家数量	（0%~6%）	低速	非绿色
		专家类别	（0%~5%）		
		交流平台层次	（0%~4%）		
		专家数量	（6%~11%）	中速	浅绿
		专家类别	（5%~9%）		
		交流平台层次	（4%~7%）		
		专家数量	（11%~15%）	高速	中绿
		专家类别	（9%~13%）		
		交流平台层次	（7%~12%）		
		专家数量	（over 15%）	超高速	近绿
		专家类别	（over 13%）		
		交流平台层次	（over 12%）		
	高级阶段	专家数量	（0%~3%）	低速	绿色
		专家类别	（0%~3%）		
		交流平台层次	（0%~3%）		
		专家数量	（3%~5%）	中速	
		专家类别	（3%~5%）		
		交流平台层次	（3%~5%）		
		专家数量	（5%~8%）	高速	
		专家类别	（5%~8%）		
		交流平台层次	（5%~8%）		
		专家数量	（over 8%）	超高速	
		专家类别	（over 8%）		
		交流平台层次	（over 8%）		

注：此处百分比为专家人数、类别及层次增长或提升较上一年（或上一周期）的百分比。

表 5-10 区域经济绿色发展的政策导向评估标准

指标 R_{PO}	初级阶段	前瞻性	（0%~10%）	低 速	非绿色
		连续性	（0%~10%）		
		稳定性	（0%~10%）		
		前瞻性	（10%~20%）	中 速	
		连续性	（10%~20%）		
		稳定性	（10%~20%）		
		前瞻性	（20%~35%）	高 速	
		连续性	（20%~35%）		
		稳定性	（20%~35%）		
		前瞻性	（over 35%）	超高速	
		连续性	（over 35%）		
		稳定性	（over 35%）		
	中级阶段	前瞻性	（0%~7%）	低 速	非绿色
		连续性	（0%~7%）		
		稳定性	（0%~7%）		
		前瞻性	（7%~15%）	中 速	浅 绿
		连续性	（7%~15%）		
		稳定性	（7%~15%）		
		前瞻性	（15%~28%）	高 速	中 绿
		连续性	（15%~28%）		
		稳定性	（15%~28%）		
		前瞻性	（over 28%）	超高速	近 绿
		连续性	（over 28%）		
		稳定性	（over 28%）		
	高级阶段	前瞻性	（0%~4%）	低 速	绿 色
		连续性	（0%~4%）		
		稳定性	（0%~4%）		
		前瞻性	（4%~9%）	中 速	
		连续性	（4%~9%）		
		稳定性	（4%~9%）		
		前瞻性	（9%~17%）	高 速	
		连续性	（9%~17%）		
		稳定性	（9%~17%）		
		前瞻性	（over 17%）	超高速	
		连续性	（over 17%）		
		稳定性	（over 17%）		

注：此处百分比为政策导向近五年与上一个五年（即一个小周期）基础上的增长百分比。

表 5-11 区域经济绿色发展的人才环境评估标准

指标 R_{TE}	初级阶段	舒适度	(0%~7%)	低 速	非绿色
		方便度	(0%~7%)		
		竞争度	(0%~7%)		
		舒适度	(7%~12%)	中 速	
		方便度	(7%~12%)		
		竞争度	(7%~12%)		
		舒适度	(12%~16%)	高 速	
		方便度	(12%~16%)		
		竞争度	(12%~16%)		
		舒适度	(over 16%)	超高速	
		方便度	(over 16%)		
		竞争度	(over 16%)		
	中级阶段	舒适度	(0%~5%)	低 速	非绿色
		方便度	(0%~5%)		
		竞争度	(0%~5%)		
		舒适度	(5%~9%)	中 速	浅 绿
		方便度	(5%~9%)		
		竞争度	(5%~9%)		
		舒适度	(9%~13%)	高 速	中 绿
		方便度	(9%~13%)		
		竞争度	(9%~13%)		
		舒适度	(over 13%)	超高速	近 绿
		方便度	(over 13%)		
		竞争度	(over 13%)		
	高级阶段	舒适度	(0%~3%)	低 速	绿 色
		方便度	(0%~3%)		
		竞争度	(0%~3%)		
		舒适度	(3%~5%)	中 速	
		方便度	(3%~5%)		
		竞争度	(3%~5%)		
		舒适度	(5%~9%)	高 速	
		方便度	(5%~9%)		
		竞争度	(5%~9%)		
		舒适度	(over 9%)	超高速	
		方便度	(over 9%)		
		竞争度	(over 9%)		

注：此处舒适度、方便度与竞争度较其他区域而言，百分比为较上一年或上一个周期（五年）的增长百分比。

表 5-12 区域经济绿色发展的企业评估标准

指标 R_{ENT}	初级阶段	生存能力	(0%~8%)	低 速	非绿色
		管理能力	(0%~10%)		
		创新能力	(0%~6%)		
		生存能力	(8%~14%)	中 速	
		管理能力	(10%~17%)		
		创新能力	(6%~11%)		
		生存能力	(14%~19%)	高 速	
		管理能力	(17%~22%)		
		创新能力	(11%~15%)		
		生存能力	(over 19%)	超高速	
		管理能力	(over 22%)		
		创新能力	(over 15%)		
	中级阶段	生存能力	(0%~6%)	低 速	非绿色
		管理能力	(0%~8%)		
		创新能力	(0%~5%)		
		生存能力	(6%~8%)	中 速	浅 绿
		管理能力	(8%~10%)		
		创新能力	(5%~7%)		
		生存能力	(8%~13%)	高 速	中 绿
		管理能力	(10%~16%)		
		创新能力	(7%~11%)		
		生存能力	(over 13%)	超高速	近 绿
		管理能力	(over 16%)		
		创新能力	(over 11%)		
	高级阶段	生存能力	(0%~3%)	低 速	绿 色
		管理能力	(0%~5%)		
		创新能力	(0%~3%)		
		生存能力	(3%~5%)	中 速	
		管理能力	(5%~7%)		
		创新能力	(3%~5%)		
		生存能力	(5%~9%)	高 速	
		管理能力	(7%~11%)		
		创新能力	(5%~9%)		
		生存能力	(over 9%)	超高速	
		管理能力	(over 11%)		
		创新能力	(over 9%)		

注：企业发展，首先是能否在激烈竞争的环境中生存下来。若能，才有创新的条件、环境与能力。因此，此处的百分比为较上一年或上一个周期（五年）的增长百分比。

表 5-13 区域经济绿色发展的自然资源评估标准

指标 R_{NR}	初级阶段	自然资源结构	(0% ~ 1%)	低 速	非绿色
		自然资源质量	(0% ~ 2%)		
		自然资源数量	(0% ~ 4%)		
		自然资源结构	(1% ~ 3%)	中 速	
		自然资源质量	(2% ~ 4%)		
		自然资源数量	(4% ~ 7%)		
		自然资源结构	(3% ~ 5%)	高 速	
		自然资源质量	(4% ~ 6%)		
		自然资源数量	(7% ~ 10%)		
		自然资源结构	(over 5%)	超高速	
		自然资源质量	(over 6%)		
		自然资源数量	(over 10%)		
	中级阶段	自然资源结构	(0% ~ 0.8%)	低 速	非绿色
		自然资源质量	(0% ~ 1%)		
		自然资源数量	(0% ~ 2%)		
		自然资源结构	(0.8% ~ 1.5%)	中 速	浅 绿
		自然资源质量	(1% ~ 2%)		
		自然资源数量	(2% ~ 4%)		
		自然资源结构	(1.5% ~ 3%)	高 速	中 绿
		自然资源质量	(2% ~ 4%)		
		自然资源数量	(4% ~ 7%)		
		自然资源结构	(over 3%)	超高速	近 绿
		自然资源质量	(over 4%)		
		自然资源数量	(over 7%)		
	高级阶段	自然资源结构	(0% ~ 0.3%)	低 速	绿 色
		自然资源质量	(0% ~ 0.5%)		
		自然资源数量	(0% ~ 0.8%)		
		自然资源结构	(0.3% ~ 0.5%)	中 速	
		自然资源质量	(0.5% ~ 0.8%)		
		自然资源数量	(0.8% ~ 1%)		
		自然资源结构	(0.5% ~ 0.8%)	高 速	
		自然资源质量	(0.8% ~ 1%)		
		自然资源数量	(1% ~ 1.3%)		
		自然资源结构	(over 0.8%)	超高速	
		自然资源质量	(over 1%)		
		自然资源数量	(over 1.3%)		

注：区域的自然资源结构、质量与数量直接影响当地企业特别是高新企业的发展。因此，此处的百分比为较上一年或上一个周期（五年）的资源消费增长百分比，较上一年或上一个周期（五年）的自然资源结构与数量下降百分比。

表 5-14　区域经济绿色发展的环境污染评估标准

指标 R_{EP}					
	初级阶段	污染源种类	（0% ~ 1%）	低　速	非绿色
		污染程度	（0% ~ 2%）		
		污染范围	（0% ~ 4%）		
		污染源种类	（1% ~ 3%）	中　速	
		污染程度	（2% ~ 4%）		
		污染范围	（4% ~ 7%）		
		污染源种类	（3% ~ 5%）	高　速	
		污染程度	（4% ~ 6%）		
		污染范围	（7% ~ 10%）		
		污染源种类	（over 5%）	超高速	
		污染程度	（over 6%）		
		污染范围	（over 10%）		
	中级阶段	污染源种类	（0% ~ 0.8%）	低　速	非绿色
		污染程度	（0% ~ 1%）		
		污染范围	（0% ~ 2%）		
		污染源种类	（0.8% ~ 1.3%）	中　速	浅　绿
		污染程度	（1% ~ 3%）		
		污染范围	（2% ~ 6%）		
		污染源种类	（1.3% ~ 1.7%）	高　速	中　绿
		污染程度	（3% ~ 6%）		
		污染范围	（6% ~ 9%）		
		污染源种类	（over 1.7%）	超高速	近　绿
		污染程度	（over 6%）		
		污染范围	（over 9%）		
	高级阶段	污染源种类	（0% ~ 0.3%）	低　速	绿　色
		污染程度	（0% ~ 0.5%）		
		污染范围	（0% ~ 0.8%）		
		污染源种类	（0.3% ~ 0.5%）	中　速	
		污染程度	（0.5% ~ 0.8%）		
		污染范围	（0.8% ~ 1%）		
		污染源种类	（0.5% ~ 0.8%）	高　速	
		污染程度	（0.8% ~ 1%）		
		污染范围	（1% ~ 1.3%）		
		污染源种类	（over 0.8%）	超高速	
		污染程度	（over 1%）		
		污染范围	（over 1.3%）		

　　注：区域的环境污染源种类、程度与范围直接影响区域经济的发展。因此，此处的百分比为较上一年或上一个周期（五年）的环境污染种类、环境污染程度与范围下降百分比。

表5-15　区域经济绿色发展的生态破坏评估标准

指标 R_{ED}	初级阶段	生态破坏种类	(0%～1%)	低　速	非绿色
		生态破坏程度	(0%～1.5%)		
		生态影响范围	(0%～3.5%)		
		生态破坏种类	(1%～3%)	中　速	
		生态破坏程度	(1.5%～3.5%)		
		生态影响范围	(3.5%～6%)		
		生态破坏种类	(3%～5%)	高　速	
		生态破坏程度	(3.5%～5.5%)		
		生态影响范围	(6%～8.5%)		
		生态破坏种类	(over 5%)	超高速	
		生态破坏程度	(over 5.5%)		
		生态影响范围	(over 8.5%)		
	中级阶段	生态破坏种类	(0%～0.7%)	低　速	非绿色
		生态破坏程度	(0%～0.9%)		
		生态影响范围	(0%～1.9%)		
		生态破坏种类	(0.7%～1.3%)	中　速	浅　绿
		生态破坏程度	(0.9%～1.6%)		
		生态影响范围	(1.9%～3.7%)		
		生态破坏种类	(1.3%～2.5%)	高　速	中　绿
		生态破坏程度	(1.6%～3.0%)		
		生态影响范围	(3.7%～7.2%)		
		生态破坏种类	(over 2.5%)	超高速	近　绿
		生态破坏程度	(over 3.0%)		
		生态影响范围	(over 7.2%)		
	高级阶段	生态破坏种类	(0%～0.4%)	低　速	绿　色
		生态破坏程度	(0%～0.7%)		
		生态影响范围	(0%～1.5%)		
		生态破坏种类	(0.4%～0.6%)	中　速	
		生态破坏程度	(0.7%～0.9%)		
		生态影响范围	(1.5%～2.3%)		
		生态破坏种类	(0.6%～0.9%)	高　速	
		生态破坏程度	(0.9%～1.1%)		
		生态影响范围	(2.3%～2.9%)		
		生态破坏种类	(over 0.9%)	超高速	
		生态破坏程度	(over 1.1%)		
		生态影响范围	(over 2.9%)		

　　注：区域的生态破坏种类、程度与范围直接影响区域经济的发展。因此，此处的百分比为较上一年或上一个周期（五年）的生态破坏种类、环境污染程度与范围下降百分比。

本章小结

　　本章根据第四章建立的指标体系进行调查问卷，建立相关假设，用 SEM 与 ATM 模型对调查问卷结果与相关假设进行分析处理，从而建立了区域经济绿色发展的综合评估模型。同时，根据政府部门的公开数据：四川统计网站（http：//www. sc. stats. gov. cn/tjcbw/tjnj/）、中华人民共和国国家统计局（http：//www. stats. gov. cn/ztjc/xxgkndbg/gjtjj/）的统计年鉴以及国内外相关机构研究成果作为参考，综合思虑多种因素之后，从而提出相应评估标准。

第六章　发达国家经济绿色发展的经验

在世界经济萧条和发展中国家日益增长的巨大需求背景下，中国中西部地区可以借鉴国际经验从而可以扬长避短，少走弯路。由于各个国家经济发展水平、国家制度、经济体制的差异，甄霖等①认为在加快区域经济绿色发展的具体战略措施与行动方案等方面虽然存在分歧，但一些共同认可的经验和成功案例对国内区域经济绿色发展具有一定的借鉴和指导作用。

第一节　自然环境的保护

区域经济绿色发展的推进需要从制度和政策制定着手做起，政策实施效果的监测评估需密切跟进。经济发展和环境保护应并驾齐驱、相互促进，绿色就业和劳动力素质提高紧紧伴随；生态补偿和生态产权交易应确保利益相关者参与贯穿决策、实施、监测、评估

---

① 甄霖，杜秉贞，刘纪远，等. 国际经验对中国西部地区绿色发展的启示：政策及实践 [J]. 中国人口·资源与环境，2013，23（10）：8-16.

的各个环节。

一、环境保护法的建立

环境法又称环境和自然资源法，是一个集成术语，指关于保护环境和自然资源、防治污染和其他公害的法律规范的总称。其中，自然资源法主要是指对自然资源的合理规划、开发、利用、管理和保护等方面的法律；环境保护法是保护环境、防治污染和其他公害的法律。环境法与其他法截然不同，侧重于管理特定的自然资源，如森林、矿产或渔业。其他领域，如环境影响评估，可能不适合任何一类，但仍然是环境法的重要组成部分。

环境法内容主要包括污染防治、自然环境与资源保护，而"污染控制法"称谓容易被人理解为只限于对环境污染的防治，而未能概括环境法的全部内容。为此，采取这一称谓的国家在保留过去称谓的同时，也称其为"环境法"。为达到产业永续、环境永续及能源永续等目标，也就是在环境、社会及经济三方面均能永续发展。国际上已制定许多环保公约，表6-1列出特别常见的环保公约及条款，这些环保公约及条款与产业发展方向密切相关。

表6-1　国际环保公约及条款

条　款	重要时间节点	管制项目	产品设计之影响
气候变化框架公约	1992 年通过	限制温室效应气体的排放	替代能源与省能、省电的设计
《蒙特利尔议定书》	1987 年 24 个国家签字 1989 年 1 月 1 日起正式生效	限制 CFCs、HCFCs 及含氯、溴等有机物质的使用	选用原料不得使用议定书内所管制之物质

条　款	重要时间节点	管制项目	产品设计之影响
WEEE 指令	欧盟于 1998 年提出 WEEE 指令草案 2002 年二读 2003 年正式通过	对废电子、电机产品的焚烧、掩埋与回收的规范与要求	易拆解、模组化、单一材质等有利于回收的设计观念，导入产品设计
ROHS	2002 年 4 月欧盟议会二读通过 2003 年 2 月 13 日 ROHS 指令（2002/95/EC）公布	铅、镉、汞、六价铬、溴化耐燃剂（PBB/PBDE）等有害物质的使用	原料、制程及产品均不得含有该指令名令的管制物质

　　我们可以发现，环保公约的内容有了一些改变，开始从原料的使用端制定管制策略。例如，《蒙特利尔议定书》则是限制使用会造成臭氧层破坏的氟氯碳化物等物质，危险物质限制（Restriction of Hazardous Substances，ROHS）指令也是对生产线中的原料端、制程端的使用物质进行管制；而废弃电气和电子设备（Waste Electrical and Electronic Equipment，WEEE）指令主要是规定废电子、电机等产品的回收率，这使得环保公约的内涵更具生态资本主义的理想，让绿色产业方案可以真正落实。在这些环保公约的规范下，产业为了求生存，不得不将环境化的设计融入生产链中；无形之下，国际环保公约成了绿色产业的重要推手。此外，各国政府也在积极建立绿色产业发展的推动因素，制定具有公信力的产品验证制度，建立相关环保标章。因此，国内应建立节能标章，各产业链形成环保公约及条款。

二、环境保护法的执行

　　全球性与区域性环境问题日益成为国际法关注的重心。关于环境问题的辩论涉及国际法的核心原则，并成为许多国际协定和宣言的主题。国际法是国际环境法的重要渊源。这些都是各国遵循的习惯规范和规则，它们是如此普遍以至于束缚了世界上所有国家。当一个原则成为习惯法却没有明确规定，许多国家提出不愿意被约束的论点。国际习惯法有义务警告相关国家不要破坏环境以免违反《斯德哥尔摩宣言》第 21 项原则①"睦邻友好"（"Good neighbourliness"）。

过去 40 年的协议数量令人印象深刻，许多国家都签署并承诺实施。在执行方面存在着许多挑战和差距。据估计，双边环境协定有 700 多种。随着环境条约的日益增多，环境面临的挑战也日趋严峻。

"执行"语境是指通过的所有相关法律、法规、政策和其他措施及倡议承担履行环境协定下的义务。近年来，司法部门加强了各级政府的执法力度。环境法在解释与环境有关立法方面的问题起着至关重要的作用，在可持续发展整体范式中整合新出现的法律原则。环境法的执行，有利于不同部门法律法规的整合与有效实施。

"执行"的另一层复杂性是职能重叠造成的。环境法的履行，需要不同部门之间的协调方能提高跨部门执行效率。官僚制下各级政府之间的合作常受制于各级行政部门之间的合作，容易导致合作失败。有效执行环境法在于法律本身的可操作性与执法人员自身的法律水准。很常见的情况是执法受许多政府机构中权力划分影响，由于部门间利益冲突，从而延缓这些法律的实施。在某些情况下，不同政府部门出现管辖权的重叠且没有任何协调机制，在执法过程中冲突不可避免。这不仅抑制了政策的有效实施，而且执法成本也会

---

① ROSE G L. Gaps in the Implementation of Environmental Law at the National, Regional and Global Level [J]. Kuala Lumpur, Malaysia: UNEP, 2011, 1-30.

不断上升。重大实际问题处理需建立一个有效的管控制度和执法机制。

在美国，法令是国会通过的法律，而规章则是由联邦机构颁布的法律。美国主要是依靠法令和规章办事。国会向环保署拨款执行这些规则，这些拨款中的一部分交给各州，以便各州执行规章制度。如在《清洁空气法案》与《清洁水法案》中，国会定义了该权力的具体版本，并将其发放给环保署。然后，环保署可以在授权权力范围内制定规则。立法者认为，公益机构的专家可以比专业立法者更好，能制定出最新、最适合民意的条例。环保局的工作人员查阅有关常规空气或水污染的最新研究，制定保护公众免受这些危险的规则，并将其变为法律。尽管这些法律存在缺陷，但法律实现的目标比批评家们预测的要大得多，而且他们比支持者预测开支要少。在这个过程中，立法机构根据公益机构的民意调查报告而制定法律，得到大多数公众的支持。执行过程中公众比较配合，因而遇到的阻力较小。

三、公众环境意识树立

公众环境意识水平是人类社会走进生态文明时代的基本标志之一。它的多维属性和复杂发展特征，表明全面提高全社会的环境意识是一项艰巨的社会工程。随着城市化在全世界范围内不断推进，全球环境意识也在逐渐增强，越来越多的人逐渐明白需要可持续地管理地球的资源和生态系统。

在 20 世纪中叶短短的几十年里，哥斯达黎加、巴西、刚果、印度尼西亚、玻利维亚、马来西亚等国砍伐了地球上大部分的古森林。

随着时间的推移，人类已经砍伐或损坏地球上的森林至少有四分之三……但是现在，在热带雨林国家日益增多的环保运动的推动下，西方消费者越来越关心可持续发展，企业和政府领导人正在缓慢推动并最终停止砍伐森林。此外，一些领导人正在制订计划，鼓励森林再生……

欧洲与日本、美国对环境的关注程度情况相似。[①] 当环境保护成为一个非常突出的政治问题时，政府却未能提出有效的措施来保护空气、水和土地，这些使得人们对环境的紧迫性减弱。然而，当紧迫感被减弱时，取而代之的是人们价值观的转变。当人们经历环境被破坏，会改变他们对世界的看法。巴里·康芒纳（Barry Commoner）曾说"一切都是为了必须去的地方"，这与环保主义或意识形态无关，主要强调地球资源是有限的。年轻人比老年人懂得更多，因为他们在环境被破坏的时代长大，且接受过良好的教育。这种意识可能被称为范式转变，正在对公司、政府机构、私人组织以及社区和家庭中的许多日常行动施加压力，迫使个人行为发生改变。人们会考虑水龙头的使用时间，把垃圾扔到垃圾桶里，想努力使空气变得清新。私人组织以及大型公司的变化也可能是惊人的，纷纷调整目标，如降低利润、市场份额和股票的回报率，减少对环境的依赖与破坏。

这些变化不仅仅是一时的冲动或象征性的趋势。首先，随着环境退化，人们可以看到、闻到或通过媒体观察到。无论是印度的烟雾、西弗吉尼亚的饮用水，还是墨西哥湾英国石油公司（British Pe-troleum，BP）的石油泄漏事件，人们知道这些都是事实。其次，人

① COHEN S. The Growing Level of Environmental Awareness [Z]. Blog, 2014.

们越来越重视健康、营养、锻炼，即"健康"。在一个越来越拥挤的城市里，要想健康地活着，人们必须尽自己的力量去保护环境与加强对环境的治理。

随着技术的不断发展与城市化进程提速，人类日常接触到自然世界的机会明显减少。尽管如此，只要人们需要呼吸空气、喝水和吃东西，人类对这些自然系统的依赖将继续下去。目前，技术还处于初级阶段；如果要使区域经济朝着绿色、可持续方向发展，不可能用技术来取代自然系统所做的工作。但是，自然系统能否正常工作将取决于人类的价值观、道德观是否正确。

未来人类的繁荣要求人们有充足的水、新鲜的空气、开放的空间、稳定的气候和生物多样性，确保野生动物安全和自然系统完整仍然需要社会各阶层人民的积极支持。然而，为人类和地球创造一个光明的未来，需要解决许多环境问题带来的挑战；同时制定战略和运用技能以解决新出现且不可预知的环境挑战。寻找应对这些挑战的最有效的方法，许多人的目光投向了环境教育。环境教育①是在短期内解决环境与社会问题的有力工具。长期的环境教育有助于增加人们的知识、技能，改变人们的态度，促进行动，帮助实现积极的环境变化。解决某一特定问题时，如提升水的质量或减少环境污染，教育可以帮助人们了解它、关心它并保护它。从长远来看，环境教育为人们提供了技能和动力。了解得越多，越会使自己成为一个环境知情者，从而成为有理想、有担当、有责任的公民。

---

① ARDOIN N. Environmental Education: A Brief Guide for U. S. Grantmakers [Z]. Environmental Education, 2013.

第二节　人才环境的塑造

随着经济全球化深入发展，世界各国纷纷将人才战略上升为国家战略。争夺人才的手段在不断升级，从最初的"价格战""政策战争"发展到现在的"环境战争"。因此，优化和完善人才环境不仅是各国凝聚人才的主要手段，也是中国实现由人口大国向人力资源强国转变的重要契机。

一、以人为本的理念

进入 21 世纪，国际竞争日趋激烈，人才流动频繁加快了全球化进程。世界各国对于人才的认识提升到新的高度。无论是处于一线阵营的美国、德国、芬兰、日本、瑞士、意大利等发达国家，还是处于二流阵营的俄罗斯、马来西亚、印度、南非等发展中国家，都提出了一系列人才改革战略。愈演愈烈的人才争夺战，表明在许多国家高技术人才流失已威胁到其自身的经济、科技与国防安全。世界各国都在积极制定国家人才战略，这值得我们学习与借鉴。

美国从建国之初就从海外招揽科技人才，在"二战"还没有完全结束时，从德国、意大利、英国等国以直接或间接手段挖走许多高科技人才。科技人才给美国带来的不仅是经济利益，而且迅速使美国在各行各业成为世界领导者。美国 20 世纪移民法规定：不论年龄、国籍、信仰与民族，只要是专家、学者、教授均可优先加入美国国籍。20 世纪 40 年代以后美国历届总统在国家移民法修改时都向留学生与技术人才倾斜，鼓励他们移民定居美国。美国不断提高与优化人才资源开发及管理，劳动力不受地域与户籍制约而流动自由；医疗、住房、保险等实行社会化管理，注重人才资源的市场配置，自由择业；实行以激励为基础的工资福利制度，充分发挥人才的创新精神，激发人才的工作热情。

德国是欧洲最大的经济体，国内生产总值位列全球第三。德国在微电子技术、机械—电子技术、光—电子复合技术、生物技术、宇航、海洋开发及新能源、新材料等为标志的新兴产业处于世界领先地位。为应对全球气候变暖加剧、极端天气及频发的自然灾害，德国工业开始走向绿色发展之路，将重点放在新能源发展和可再生能源领域。在德国制造业领域，全球约 2/3 的机械制造标准来自"德国标准化协会"。正是因为对研发的重视，德国的专利申请名列全球前五，也使德国企业在众多领域保持技术领先优势。对科技创新的高度重视促进了德国在不同时期产业结构的优化升级。重视市场竞争在产业结构调整中的作用。德国十分重视对市场竞争秩序的维护，认为不应通过给予某些发展容量大的产业以政策扶持而使其成为主导产业，主导产业的形成和发展应由市场竞争来决定，政府要做的就是维持社会市场经济竞争的秩序性，创造性地制定必要的产业制度并提供宽松的宏观经济环境。德国十分重视教育，通过教育培养研究型人才，这是德国成为欧洲强国、世界大国的基石。

印度是世界上仅次于美国的第二大软件出口国。印度信息技术产业飞速发展的原因：政府重视、政策优惠、立法保障、基础雄厚，注重信息技术人才的培养与引进；同时加大金融支持、风险投资与严格管理。印度快速发展首先得益于其人才资源开发和培养战略的成功实施。印度人才不仅在英语、数学、设计、管理等方面专业水准很高，而且思维独特，创新能力强。印度高等教育不断积累经验，采取开放式办学，鼓励人才到海外留学深造或工作。同时，印度政府制定各种有利于人才的政策，不断地吸引海外留学生或工作人员回国创业。印度坚持将人才跨国就业作为培养国际化人才的一种重要渠道，这在印度对外交流与自身发展过程中起到了纽带与种子作用。

一些国家成功的发展经验表明：国家的综合竞争力关键在于人才的引领与推动。人才管理是一项独特的技能，它将所有与人才生命周期管理相关的活动和职责集成起来，抛开外在因素获取人才并留住人才。成功的秘诀在于利用财务、非财务资源对人才价值进行投资。未来变化的方向可能取决于外部力量的参与程度以及赖以生存的内部战略。从微观层面解决人力资源问题，分析人力资源挑战的来源，建立人才预测和提升评价模型，提出有效人力资源政策。只有通过解决人才管理中的价值问题及其评价方法，才能促进这一领域的发展。由于中国人才严重短缺，人才系统需要对无形资产进行投资。中国未来的人力资源管理是一项极具挑战性的任务。

二、教育发展的投入

知识和技能是 21 世纪经济的全球货币。根据安德烈亚斯·施莱歇尔（Andreas Schleicher）的经济合作与发展组织的观点："没有中央银行印货币，你无法继承这个货币，你不能投机，你只能通过持续的努力和投资来发展。"日益增长的技能差距和居高不下的失业率表明：在迅速变化的世界经济竞争中，美国教育体系没有生产足够的这种"货币"。政策讨论虽然继续关注美国如何提高幼儿园至十二年级（Kindergarten through Twelfth Grade，K-12）和高等教育的成绩和质量，但他们也必须致力于满足不断变化的技能需求，鼓励终身学习。前者有助于确保学生成长为有生产力的工人，而后者可以帮助他们发展以应付未来的挑战。持续发展尤为重要，在一个不断变化的技术背景下，在学校学到的知识贬值更快。由于执行特定工作所需的专业技能的平均寿命继续缩短，正规教育以外的学习将变得越来越重要。

教育发展需要时间成本的投入。首先，人才自身时间成本的投入。今天进入高等学府的大学生，可能毕业后找不到工作。在美国，为了跟上这种变化的步伐，大学生需要在他们的有生之年继续学习。那么，每隔几年就需要学习新技能，了解世界是什么样子的。为了获得新的技能，专业人士必须参加夜校获得研究生学位，或参加免费的在线教育计划。其次，校企时间成本的投入。与企业合作，与学术机构合作，以获得基于实际应用的知识，从而产生巨大的科技成果。如克莱姆森大学和宝马的合作、北卡罗来纳州立大学和红帽的合作。克莱姆森大学国际汽车研究中心位于南卡罗来纳州的格林维尔，在学术研究和汽车工业的实际应用之间架起了一座桥梁。它将大学研究人员与从事汽车行业的公司所进行的工作联系起来，这样所有的测试都可以在一个地方完成。宝马和该大学合作开发了该中心的一系列课程。

鼓励、推广和认可网络教育。比如，麻省理工学院（Massachusetts Institute of Technology，MIT）提供的未来（Future）

在线课程，很快就为数百万人指明了前进的方向。许多高中生和专业人士可能选择追求自学和基于经验的教育模式，而不是传统的教育模式。政府可以在支持这种教育方式方面发挥作用。加强对社区学院的承诺，促进和推广大学学术峰会等项目，可以帮助社会培养一支受过良好教育的劳动力队伍。

新加坡属英联邦国家，其高等教育在亚洲享有极高的学术声誉。从整体来看，新加坡高等教育在教育体制与课程设置上均与英国相似，教育特别强调国际化战略的实施，主要表现在课程的国际化、师资队伍的国际化与教育合作的国际化。教育制度灵活多样，且在不断调整。创新过程中建立了具有新加坡特色的精英制教育体制。陈雁[①]认为新加坡高校教育之所以成功，在于其培养方式的开放性：大学第一阶段在国内接受密集式的知识与能力培训，第二阶段通过各种方式使学生有机会到国外著名大学或是科技园等技术集群地区去实习、参观、访学，这样不仅培养了学生的实践能力，还培养了学生国际化思维以及国际协作、交流与沟通能力。

总之，教育的投入非常重要。一方面来自外部的投入：政府、企业或高校等组织在教育软硬件方面的投入；另一方面来自我们自身：你自己花了多少时间，投入多少精力在提升自己的能力上。对两者来说，教育投入一直在路上。

三、交流平台的构建

人才交流平台是学习平台、合作平台、沟通平台与倾诉平台的

---

① 陈雁. 国外高校创业教育模式与中国高校创业教育的思考［J］. 创新与创业教育，2015，6（1）：134-136.

总称，包括人才转型服务，帮助人才在关键领域如数字云、网络安全、人工智能等领域发挥才能。通过技术咨询、培训和组织实践，将这些学习能力分享给人才，帮助人才快速完成自我更新。当人才想提升自己的能力时，或想向同行业的顶级人才进行请教时，有其交流平台；当人才遇到麻烦或误解等状况时，有其沟通平台；当人才遇到不顺、无助或受到委屈时，有其倾诉平台。国外的大型公司，如特斯拉（Tesla，TSLA）、国际商业机器公司（International Business Machines Corporation，IBM）、谷歌公司（Google Inc.，GOOGLE）等均已搭建了人才交流平台。

随着技术以惊人的速度不断迭代更新，政府或企业需要使区域人才以更快的速度成长，避免被竞争对手淘汰。要做到这一点，就需要创造一种持续学习的文化氛围，使人才能够获得新知识、新资讯、新技能。人才交流平台可提供独特的互动体验和丰富的课程帮助。在平台内通过创建学习板块，提供大量高质量的学习内容，给有需要的人才一个更好、更快、更舒适的学习体验，如提供高质量课程帮助人才摆脱传统培训，协助人才培养持续学习文化知识习惯，助力人才构建新的学习经验和创造灵感。同时，人才可以通过互相交流、相互合作促进他们最喜欢的板块升级与更新。互动式定制学习平台为企业或个人的具体需求量身定制课程。在新阶段，根据人才需求设计一种富有弹性、成本低、效益高且互动性很强的课程，使人才可通过数字平台随时随地学习，使自己得到提升。

第三节　绩效定量监测评估

绩效评估作为一种管理措施，其目的在于诊断管理中存在的问题，为变革和创新管理方式与方法提供依据，进而实现管理绩效的"持续性改进"，可用多重指标来评估。对于绿色发展绩效监测评估，首先要明确为什么要监测、谁应该参与、什么时候监测、对什么进行监测以及如何监测。

一、政策方案制订

许多公共政策的辩论已经演变得越来越两极化，人才的重新评估将带来有利的副作用——零和游戏。然而，人才的发展，从本质上来说是一种积极的总和游戏。当国家更广泛而迅速地发展人才时，大家都会受益。人才能扩大经济效益的总和。人才驱动全球竞争已成为普遍关注的话题，这些讨论通常只注重加强教育制度。当然，教育改革本身也同样重要，如果不改革将无法应付未来的挑战。如果认真把人才培养成一种竞争优势，就必须重新评估一整套公共政策。这种观点将有助于管理者看到许多问题，并克服现有政策造成障碍的新方法。如果政策旨在提高人才竞争力，那么许多管理者所关注的问题可能会有所不同。

从某种意义上讲，大多数的公共政策辩论可以被重新定义。如何加快人才发展与提升就业率？这个问题可能会成为更有效的政策共识基础，从而有助于人才更有效地参与竞争。如果管理者希望在全球日益激烈的经济竞争中立于不败之地，这样的重构是可取的。谁都有潜力发展成人才，并为社会创造更多的经济价值。如果管理者能够制定政策帮助人才个人或团队挖掘其潜力，将会创造一个更加繁荣的社会。

人才是什么？什么是人才？它是如何变化的？

为了了解美国公共政策如何影响人才，我们必须首先了解美国人才格局在过去几十年中的变化。1965 年，美国国会通过《移民和国籍法》（Immigration and Nationality Act），把受过高等教育、具有突出专业才能，以及美国急需的熟练工人列入移民的优先目录，建立了一个优先考虑高技能移民的法律框架。1990 年通过新的《移民法》（Immigration Act），把家庭团聚与技术类移民分开，强调了对高科技人才的重视。该法把拥有卓越才能者、教授和研究人员、跨国公司高管、高学历者、熟练工人作为 H-1B 签证对象，允许美国公司雇用临时外国专业科技人才，为美国吸引全球高科技与高级管理人才敞开了大门。20 世纪 90 年代，美国仅凭此项法律轻而易举地获得了 65 万名来自世界各地特别是亚洲国家的高科技人才。2006 年 2 月，美国时任总统布什签署了《美国竞争力计划》（American Competitiveness Initiative），强调"美国竞争力的基石是受过良好教育和高技能的劳动力"。为应对全球金融危机，奥巴马政府分别于 2009 年、2011 年和 2015 年 3 次发布《美国创新战略》，从教育和科技两个基础方面着手，更加注重对国家未来发展的投资。2012 年，美国国会通过《美国创业签证法案 2.0》（Startup 2.0 Act），将多达 5 万名在 STEM 领域获得硕士或博士学位的外国人调整为有条件的永久居民身份。美国参议院 2021 年通过的《2021 年美国创新与竞争法案》（United States Innovation and Competition Act of 2021），再次强调加大创新投入、培养科技人才、全面提升美国科技竞争力。①

在过去几十年里，我们看到了来自全新工业对新技能的需求。现在不论在发展中国家还是发达国家，都能找到优秀的人才。高需求人才类型也发生了变化，专业人才流动性更强，许多人愿意追求并能够获得多种收入来源的工作。最好的人才是不断学习的，今天的平面设计师很可能是两年前的软件工程师。如今，人才对工作要求更灵活、更具活力，在美国往往是供不应求。经过调查发现，人才是决定国家竞争力最重要的因素。许多高管强调：新兴市场的增长，要求人才经理尽快让新人在新的地点工作。这加剧了全球竞争，但美国仍然比其竞争对手具有明显的优势。全球面临着一些严峻的挑战，从落后的考试成绩、停滞不前的毕业率到移民政策，这使得那些在外国出生有才华的高校毕业生难以留在某些区域。

全球人才竞争从以下几方面扩大了这一趋势。

人才可以相对轻松地移动，越来越多的国家可以与美国竞争，吸引、留住和发展人才。人才竞争日趋激烈，人才的回报率在不断提高。美国公司曾经很容易地招聘到世界上最优秀的人才。

从人才视角审视重大政策问题。美国可以继续通过消除人才壁垒留住并吸引新的优秀人才，引领世界。萨拉·霍洛维茨（Sara Horowitz）在大西洋的特别报道中认为美国将需要一个新政，认识到人才计划最重要的是不断破除壁垒，不断适应人才的需求，方能提升美国未来的竞争力。

政府需要改变其现有的政策。例如，对移民和外国直接投资

---

① 李建华. 美国的科技人才政策体系及特点［J］. 中国科技人才，2022（5）：36-41.

（FDI）的传统态度，这种政策往往是 21 世纪的错误做法。全球人才竞赛很可能决定哪些国家在未来几年领导世界经济。在一些公共政策中应用人才透镜，需要强调政府、企业、教育和创新社区发挥作用，多领域政策的整合才能应对挑战。三个主要的政策即教育、就业管理和移民问题，通常都与人才发展相关；三个额外的政策即外国投资、失业保险和知识产权，减少透镜对人才的审查。这些政策都极大地影响了未来人才的竞争力。唯有认真研究每一项政策的优缺点，方能提出并制订更加合理的人才政策方案。

二、绿色发展指标

国外绿色发展主要考虑两方面：一是监测规模取决于影响规模；二是用于评估生态系统影响与恢复的主要监测指标参数。OECD 的绿色发展评估指标体系涵盖与绿色发展密切相关的 5 个层次共 18 个指标（详见表 6-2）。

表 6-2 OECD 绿色发展绩效评估指标体系①

类 别	指 标
环境与资源生产率	碳与能源生产率
	碳源生产率：材料、营养、水资源
	多要素生产率
自然资本基础	再生资源储备量：水、森林、鱼类
	非再生资源储量：矿产资源
	生物多样性与生态系统
保障生活质量的环境因素	环境健康与风险
	环境服务与环境美学

---

① STOREY I, ONN L P. Regional Outlook［M］. Singapore：ISEAR, 2011：3-51.

续表

类　别	指　标
经济发展机会和政策响应	技术改革
	环境产品与服务
	国际资金流量
	价格及其转移
	技术与培训
	法规与管理方法
社会经济背景和增长特点	经济增长及其结构
	生产率与贸易
	劳动力市场、教育与收入
	社会—人口格局

　　环境保护政策的制定与实施对于绿色发展至关重要。绿色发展这一政策框架的形成实际是基于可持续发展的经济、社会与环境三重维度理念（详见表6-3）。因此，对实施效果的监测评估成为绿色发展战略目标实现的重要监督和度量体系。

表6-3　基于可持续发展的经济、社会与环境三重维度理念①

政　策	高　效	公　平	环境可持续
经济政策	绿色发展	经济改革以增加公平性（税收、转移支付等）	绿色增长以加强可持续性
社会政策	提高经济效率的社会政策（知识、技能、信任、安全）	社会包容	支持环境可持续的社会政策
环境政策	传统行业绿色发展及创新	支持贫穷与弱势群体的社会政策	环境可持续

①　甄霖，杜秉贞，刘纪远，等．国际经验对中国西部地区绿色发展的启示：政策及实践［J］．中国人口·资源与环境，2013，23（10）：8-16.

　　耶鲁大学（Yale University）2012 年对全球 132 个国家 10 个环境政策类型实施绩效进行了量化评估（Quantitative Assessment）和分析，涉及政策包括环境健康与生态系统健康。环境绩效指数（Environmental Performance Index，EPI）评估框架及其遴选的 22 个代表性指标详见表 6-4。环境健康在经济发展中占据重要地位，仅用生态系统活力不能够决定环境绩效，因为环境健康与人均 GDP 显著相关；气候变化很大程度上影响着全球环境改善，政策与良好的管理也非常重要。同时，环境绩效的提升需要一系列的技术支持。

表 6-4　环境绩效评估框架指标体系

目　标	政策类别	指　标
环境健康	雾霾（对人类健康影响）	室外空气污染
	空气（对人类健康影响）	颗粒物
		室内空气污染
	水（对人类健康影响）	卫生条件
		饮用水
生态系统活力	空气（对生态系统影响）	人均 SO_2 排放量
		单位 GDP SO_2 排放量
	水资源（对生态系统影响）	水质变化
	生物多样性及栖息地	重要物种栖息地保护
		生物资源保护
		海岸带保护
	农　业	农业补贴
		农药使用规范
	林　业	森林储量
		森林覆盖率变化
		森林损失量
	渔　业	海洋捕鱼压力
		过度捕鱼

目　标	政策类别	指　标
生态系统活力	气候变化与能源	人均 CO_2 排放量
		单位 GDP CO_2 排放量
		单位 $kW \cdot h$ CO_2 排放量
		可再生电力供应

三、绿色发展启示

综合各国绿色发展政策与实践经验可以看出：绿色发展的推进需要从制度和政策制定着手，政策实施效果的监测评估密切跟进，经济发展和环境保护并驾齐驱、相互促进。尽管各个国家存在制度、体制与水平的差异，但一些绿色发展成功的案例对我国具有一定的借鉴意义。

（1）制定绿色发展的制度安排和路线图。在充分认识绿色发展本质的基础上，制订出未来绿色发展路线和行动方案，其中涵盖经济增长、环境保护、社会和谐等可持续发展各个维度的关键因子，明确所要达到的短期、中期、长期目标和约束性指标。

（2）开展动态绩效监测评估与考核，建立切合实际且可量化的考核体系。绩效考核路线图需依据各个阶段和环节需要达到的目标来制定，并且根据各个阶段指标完成率进行动态调整。

（3）利益相关者积极主动参与到绿色发展的进程之中。在绿色发展政策制定阶段和颁布前期，需要以咨询、公示、座谈等形式广泛征求公众意见和建议。

（4）提供绿色就业机会，提高劳动力技能和素质。发展节能、低耗、环保的绿色工业。此外，技能发展融入国家和部门的发展战略，成为一种制度。政府应当制定相关政策和激励措施以鼓励农村劳动力在绿色产业中就业并增收。

本章小结

发达国家经济绿色发展的经验告诉我们：要实现区域经济绿色发展，一方面要注重自然环境的保护；另一方面要塑造人才环境。区域竞争力的提升，关键在于区域环境对人才的吸引力。看一个国家经济实力、综合国力与国际竞争力，比较可信的依据就是其储备人才的多与少。要吸引并留住人才，就必须有适合人才的根植环境。由于中国人才严重短缺，人力资源系统需要对无形资产进行投资。中国未来的人力资源管理是一项极具挑战性的任务。

第七章　区域经济绿色发展的对策及建议

理念是行动的先导，实践一般都是由发展理念来引领的。发展理念是否正确，从根本上决定着发展成效乃至成败。创新发展、协调发展、绿色发展、开放发展、共享发展的发展理念已成为国家当前及今后很长一段时期的主要发展战略。

第一节　提高资源环境的利用与保护

在工业化与城市化高速发展的过程中，我国经济增长付出了沉重的代价。草地退化、水土流失、垃圾污染、大气污染、噪声污染、水体污染、矿区污染……生态环境问题日益突出。长此以往，增长方式难以为继。因此，我们应该改变以前的发展模式，区域经济必须走绿色发展之路。

一、自然资源的利用

在当前经济发展的模式下，人类活动不断造成环境负担。长久以来的因应方式，多是在产业活动所产生的污染排放到环境中之前进行所谓污染削减及管末处理工作，这类的产业活动即传统的"环保产业"。而"环保产业"与"绿色产业"是不尽相同的，绿色产业是将环境永续理念融入生产链的各方面，即从原料的取得、产品制造、产品包装、运送、销售、使用及废弃物处理等过程，均秉持着"可回收、低污染、省资源"的理念。绿色产业又可分为狭义的绿色产业与广义的绿色产业两大类。狭义的绿色产业即再生能源产业，例如，太阳能产业及生物质能产业等，往往一般人将再生能源产业误以为是绿色产业的全部；然而，广义的绿色产业，不局限于再生能源的发展，无论事业单位还是私营企业的环保概念是出于主动还是被动，只要其所生产的产品符合环境管理的要求，均可称之为绿色产业。由于绿色产业的发展，环境管理渐渐有了新的气象，由最初被动的污染控制、废弃物处理，演进到回收、减废及污染预防，更进一步发展到清洁生产、工业生态，最终期望环境、能源及产业均能可持续发展。

由（图 7-1）绿色产业发展的理念可以发现，产业发展与环境资源可持续并不一定会有冲突，它们可以是相辅相成的。要达到这样的目标，除了绿色技术的研发，还包括再生能源技术及高级环保技术等，最重要的是要落实绿色革命，也就是所谓的"效率革命"。在产业发展的同时，消耗环境资源是无法避免的，我们一方面可以设法寻求新的替代资源，另一方面更需要提升现有资源使用效益。

设立相关奖项等可以增加产业执行环境化设计意愿。国际上许多国家均积极在推动环境化设计，且有规划完善的生态化工业园区，目前全世界推动生态化工业园区的国家或地区包括德国、法国、荷

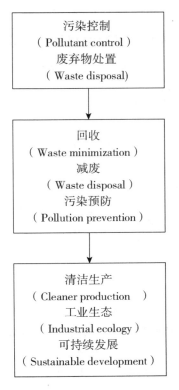

图 7-1　绿色产业发展的理念

兰、奥地利、西班牙、意大利、丹麦、美国、加拿大、墨西哥、日本、中国、菲律宾、印度、泰国、澳大利亚等国家及中国台湾地区，生态化工业区与传统工业区最大的不同是引进了"工业生态"的概念。

　　传统工业所产生的废料及污染，需要由污染控制及处理技术来削减，或是进一步将废弃物再生利用。而生态化工业的想法则是某工厂所产生的废料若能作为其他工厂的原料，这样不需要额外的废料处理成本，整个工业区就如同生态系统中的食物链，彼此环环相扣、互谋其利，如图 7-2 所示。生态化工业区可以发挥许多的功能，包括副产品的交换网、回收产业的聚落、绿色产品公司聚落、环保技术研发公司聚落、再生能源发展聚落等，在这样的园区中，产业活动仍持续进行；而另一方面，各企业间环境化设计的资源及成果，又可以获得彼此共享的效益。

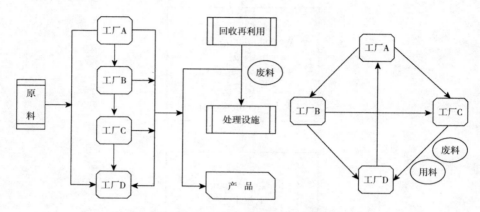

图 7-2　传统工业区与生态化工业区比较示意图①

　　丹麦卡伦堡生态工业园区，是世界第一个生态化工业区成功的案例，在此生态化工业区内形成自发性的工业共生，工业区内包括燃煤火力电厂、炼油厂、制药、酵素、城市热供应工厂，各工厂间建立良好的副产品交换网络关系，彼此交换蒸汽、热水、石膏、硫酸、生物污泥等，而且废料无须转化或仅需简单的处理技术即可作为原料。除了丹麦之外，欧洲许多国家也建立类似的生态化工业区；过去传统工业区所产生的废弃物，需要庞大的掩埋处理费用，当工业区内"回收"及"交换"的网络关系可以建立起来，则可大幅降低废弃物处理成本，亦可降低废弃物处理过程中可能产生的二次性污染。美国及日本在生态化工业区的推动上也不遗余力，除了工业

　　① 张嘉玲，陈明义. 绿色产业发展趋势［J］. 科学与工程技术期刊，2009，4（1）：11-17.

区之外，也将此理念推广到小区及都市中；至 2001 年美国已有超过 40 个小区将物质链的观念纳到生活之中。日本也大力推动生态化城市，例如，北九州岛的生态化城市计划则是利用北九州岛填海地区作为生态城市设置地点，配合学术及研究单位进行物质回收再利用之研究，进行电子废料回收、废纸回收、塑料包装及容器回收、飞灰回收设施的设计及开发；并尝试将回收物料作为金属业、农场及钢铁公司之进料，进行物质回收再利用之相关研究，以期可以将都市废料充分回收再利用，建立顺畅的物质永续利用架构。

美国在绿色产业政策上面有较为明确的目标，并建立了阶段性的量化目标。例如，在空气方面，2010 年，有害空气物质减少 75%（以 1993 年为基期），硫化物减少 20%~40%（以 1980 年为基期），氮化物减少 5%~10%（以 1980 年为基期）等。除了有明确的量化目标之外，美国在绿色产业的推动上采用许多创新的方法，发展先进及多元的环保技术。此外，美国在推动管制性政策的同时，亦推动自愿性政策，并将环境会计的概念引入企业获利评估系统中，让企业清楚了解"唯有以永续环境为基础的企业经营，方能提高企业的竞争力"。日本在绿色产业政策的推动上均不如欧美成熟，传统的环保政策尚无法完全过渡至绿色产业政策，多数政策仍局限在污染排放管制问题上，固然生产线末端的管制是必要的，但如何提高企业绿色经营的诱因，是日本和中国台湾要共同克服的问题，而这个问题台湾尤为严重。此外，日本的公害抗争较少直接与政治问题结合，这是日本和中国台湾最不同的地方。

二、创新环境的营建

当前，我国创新在体制机制方面存在诸多问题。创新环境的营建是一项非常复杂的系统工程，我们需要认真审视与面对当前创新环境中出现的问题，借鉴发达国家的先进经验，着力做好以下几方面的工作。

（1）鼓励个人或企业创新，采取优惠财税政策激励创新。高等院校、科研机构与企业是高层次人才聚集之地，鼓励他们进行合作，以便研发出更多高质量的成果。通过相关优惠政策，积极引进海外高层次人才来中国创新创业，更好地服务于中国新时代建设。

（2）不断深化教育体制改革，促进知识与技术协同创新。在中小学教育阶段，逐步培养学生的动手能力、创新意识；高中阶段，使学生逐渐拥有创新能力。进入大学后，通过出国交换、交流、深造或进企业逐步培养其创新能力。高等院校、科研机构与企业要建立相应的沟通、协调与共享平台，使研发、生产、制造高度融合。

（3）完善知识产权法规，加大执法力度。从发达国家的发展经验来看，一个国家的地位、竞争力与综合国力，关键在于其掌控知识产权的多少。目前，国内知识产权相关法规还不完备，有待进一步立法完善；面临有法不依、执法不严等情况，应加强对侵害知识产权的执法力度。同时，应加强知识产权法律法规在全社会的宣讲，特别是在大专院校与科研机构的宣传力度。

三、监督环境的建立

现行环境监督管理体制上存在几方面的缺陷：环境管理体制立法体系不完善，各法规定之间缺乏协调和配合，单行立法对环境管理体制的规定过于简单以及规范性文件经常代替正式立法。同时，还存在着有法不依、执法不严、违法不究、滥权乱责等现象。针对上述存在的问题，我们应该采取如下措施：

（1）立法部门应进行相应的调研，让公众参与，完善立法。对法律法规进行梳理，避免不同行业法律、法规相冲突；对不同级别相关法律、法规做明文规定，让执法者执法有据。

（2）建立监察工作机制。生态环境监察实践由环保部门统一监督、管理，可有效解决监察的内容、手段、队伍、程序、处理等问题；同时，建立生态环境监察工作基本制度和生态环境监察的公众参与机制，两种机制可确保监察工作的标准化、规范化和制度化。

（3）形成全方位的监控体系，完成环境灾害应急监测系统建设。建立动态的区域、流域污染源管理系统；积极收贮废弃、闲置放射源，全面调查企业环境风险源，并规范建档。

（4）加强环境监察队伍建设。队伍建设从年龄结构、学历层次、业务水平方面综合考量，着力打造一批专业能力强、业务理论精、综合素质高的环监队伍。同时，对素质不高、作风不正、能力不强的人坚决踢出队伍。

第二节　重视人才环境的培育与提升

中国是一个发展中国家，却拥有世界上最多的人口，它的 14 亿人口就是巨大的人力资源库。但体制下的政府干部调动频繁，干部认识能力、个人价值观等主观因素与我国国情等客观因素，造成政策导向不明确且波动较大，从而使人才有时无所适从。再加上薪资、地域、发展潜力等因素影响，人才不仅在中国流动频繁，且跨国流出趋势也日渐明显。由此种种，中国的人力资源管理变得愈加复杂，政府与企业层面的人力资源管理面临着更多挑战。

一、政策导向及连续性

改革开放四十多年来，中国经济快速增长并产生质的飞跃。政党掌舵、政府划船、干部实施的格局，可以保证重大政策的连续性，为经济可持续增长奇迹奠定基础。然而，在经济发展过程中也存在着一些突出问题，如"新官不理旧账"。要破解此难题，需从以下几个方面发力。

（1）要强化诚信体制建设，强化制度落实。通过建立健全政务信息公开制度、政府决策制度、政府绩效评估制度、权力监督和问责制度，为政务诚信建设提供基础性的制度保障。把政务诚信制度落实到日常工作中，严格用制度管权、管事、管人，减少政府行为的随意性。

（2）要加强问责，使权力真正被关进制度的笼子。对于政府的失信行为，要严厉问责，把干部的诚信施政记录纳入干部考核的指标体系中。

（3）树立正确的用人观与政绩观。政贵有恒，改变"人来政改、人走政息"的现象刻不容缓。政府选拔干部的体制要完善与健全，不能全凭上级任命；要求政府有诺必践，一张蓝图绘到底。而企业或个人也要提高法治意识，严格按规矩办事，不要一味去争取某位干部的口头承诺。

（4）要大力推进法治政府建设。对于因国家利益、公共利益或者其他法定事由需要改变政府承诺和合同约定的，要严格依照法定权限和程序进行，并对企业和投资人因此而受到的财产损失依法予以补偿。进一步完善赔偿、投诉和救济机制。对于由于政府失信而引发的诉讼案件，司法机关要以事实为依据，以法律为准绳，让违约者真正承担法律和经济责任。

唯有破解此顽疾，政策才不会朝令夕改。只有政策导向具有前瞻性、稳定性与连续性，人才才能安下心来认真做事，区域经济绿色发展也才会看到希望的曙光。

二、交流平台的搭建

人才是区域经济绿色发展的最核心要素，区域竞争在一定程度上最终会归结为人才的竞争，区域政府只有想方设法留住人才、用好人才、解决人才后顾之忧，才有可能使区域经济在激烈的市场竞争中发展壮大。如何构建良好的人才成长平台、学习平台、合作平台、沟通平台与倾诉平台，这成为制约区域经济绿色发展的重要因素。

（1）做好人才交流平台定位。"一千个人眼里就有一千个哈姆雷特"，因此，在搭建平台之时，应群策群力，通过问卷调查，认真听取人才心声。唯有这样，才能真正搭建起人才所需的平台。同时推进各级人才交流平台合作，激活区内人才流动配置的这池"春水"。

（2）积极推进人才交流平台与用人单位之间的良性互动。充分发挥交流平台在配置人才、服务人才、服务用人单位的桥梁纽带作用，为用人单位、为人才提供便利。完善政策，建立各类人才在区域内就业创业的"绿色通道"，努力为区域经济、社会发展提供充足的政策支持和后勤保障。

（3）加强各种人才交流平台间的交流。不同国家，不同地区，人才交流平台建设要避免千篇一律。因此，唯有加强各种人才交流平台间的互访交流，才能有助于平台的进一步提升。

三、人才环境的培育

人才环境是指造就人才、吸纳人才、充分发挥人才作用的各种物质条件和精神条件的总和。人才环境是一个较为复杂的系统，其内涵是多序列多层次的。按环境与物质条件的密切程度，可将其分为人才硬环境和人才软环境。人才硬环境分为自然环境、生活配套环境、经济环境；人才软环境分为人才事业环境、人才公共服务及配套政策环境两类。硬环境建设视为人才的基础性需求，而软环境建设则视为人才的高端需求。人才环境的培育，需注意以下几个方面。

（1）优化服务环境。搭建服务平台，培育良好的区域人文环境，提升自然环境、生活配套环境、经济环境等硬件环境；营造人才事业环境、人才公共服务及配套政策环境等软件环境。人才硬环境建设是人才环境建设的基础，人才软环境建设是人才环境建设的核心，两者相辅相成，互为促进。

（2）立足国际化视野。建立与国际接轨的人才体制机制，提高政府人才公共服务水平，创新人才发展体制机制，加强与外国交流与合作，进一步优化人才引进结构，打造宜创宜居环境，吸引、留住、用好国际化人才，提升区域国际化建设软实力。发挥企业主体作用，优化企业家成长环境。

（3）营造多元文化融合的宜居氛围。将国际化社区建设纳入区域发展战略规划，在外籍人士集聚的社区开设"外语救助热线""社区外语网站"，协助外籍人士解决就医、就学、签证等一系列便利服务，将有助于人才的引进。尊重外籍人才的文化宗教习俗，并为他们生活、医疗、子女上学等提供便利。放宽区域外籍人才购房、公务卡额度以及购汇等方面的限制条件。

第三节　相关环境制度的建立与执行

环境与资源问题是人类生存、发展过程中较为关注的问题。我国在工业发展过程中，资源和环境正面临着严峻挑战。面对严重的环境形势，面对人民群众的呼声期盼，相关政策制度的建立与执行需要革故鼎新的勇气、敢于担当的品格。该出手时就得出手，决不能畏首畏尾。严格执法、严肃问责，才能震慑不法、塑造权威、挽回民心，才能更好地实现区域经济绿色发展战略。

一、环境保护立法与执行

法治是现代国家治国理政的基石。保护生态环境必须依靠制度、依靠法治。如何通过严格环境执法保障公众健康，是一件大事。环境保护立法与执行，具体需从以下几方面努力：

（1）综合性环境管理体制立法。目前我国有关环境管理体制的立法分散在各类法律、法规、规章甚至规范性文件中；由于不集中，各种立法之间难免出现重复、交叉和矛盾。为了完善环境管理体制的立法，应当制定一部综合性环境管理体制并立法，确立环境管理部门的地位、机构组成、各部门承担的管理职能以及各部门间相互协调、配合和监督的程序等。在这种综合性立法的基础上，再由各部门、各地方将自己的职责具体化。

（2）查企查政，两手都要抓，两手都要硬。一方面，企业作为污染源的直接产生者和排放者，是环境质量恶化的直接责任主体，必须依法承担相应的责任后果。对于严重排污的企业负责人，也要依法承担相应的经济责任，该入刑的决不以罚代罪。另一方面，要加大对污染企业背后保护伞的查处。

（3）建立长效机制，首先要贯彻落实《环境保护法》中关于环境与健康的规定，尽快制定相关配套法规制度。孙佑海[①]认为在梳理现有法规执行中的难点基础上，中央应充分重视一些地方长期解决不了的问题，加大行政问责力度，树立法律权威，从而提高执法效率。

二、人才环境承载能力

在现代技术条件下，人才软环境无法全盘克隆，从而有别于人才硬环境。因为人才软环境[②]承载了人文素质、人文底蕴、人文精神、人文品位等诸多方面，是知识场、观念场、心理场共同作用的结果。

在中国的中西部地区，人才软环境远比不上人才硬环境。从目

---

① 孙佑海. 严格环境执法保障公众健康 [J]. 环境保护，2017，45（6）：27-30.
② 林柳璇，陈雅兰. 中国原始创新人才生态环境评价及影响因素 [J]. 福建论坛（人文社会科学版），2023（8）：112-124.

前国内北、上、广、深、杭的发展经验来看，在人才硬环境相差不大的前提下，人才软环境的优劣程度就成为区域竞争力大小的最终决定性因素。我国中西部地区与东部地区相比，人才环境承载能力方面有相当大的差距，中西部地区还有很长的路要走。因此，在欠发达地区，提升人才环境质量是历史发展的必然。

区域文化建设氛围不够，缺乏凝聚力，缺少被人才认同的区域价值观念、道德规范和行为准则。当前大多数地方政府是在"做"区域文化，而不是在建设区域文化，因而缺乏人才的认同感。利用各种激励手段为人才提供充分的展示舞台，激发人才积极工作的行为，是区域建设良好人才环境的有效手段。目前，区域的激励模式呈现出多元化，如物质激励、培训激励、情感激励、岗位激励、地位激励、名誉激励等。

三、创新环境的可行性

创新是引进新思想、新装置或新方法的行为与过程。成功的创新不是一朝一夕就要发生的，它需要培养。环境创意中心的创新者鲍勃·罗森菲尔德（Bob Rosenfeld）曾说"创新环境越健康，创新成果就越大"。对团队而言，以下是创建创新环境的三个原则：

（1）破坏元素存在于创新中。创新的破坏因素并不总是显而易见的，但从一开始就存在。产品或程序的生命——无论多么创新——取决于许多因素。管理破坏因素是很困难的，任何人都能做到的最好是意识到它们；当头脑中萌发一个毁灭的种子时，应及时采取适当的行动。

（2）软价值驱动组织。硬价值观是像体育成绩和统计数字一样的结果。软价值与创新如何进行有关。诸如，动机、精神、服务和耐心等营造了有利于创新的环境。相比之下，好辩、固执、骄傲、不分青红皂白去批评和支配的态度会阻止创新的蓬勃发展。

（3）信任是手段，爱是动力。罗森菲尔德认为，障碍、问题、疑虑和反对是阻碍创新进程的一种小摩擦。信任和爱使创新过程在摩擦中滑行。

与团队一起创建的环境是创新的关键组成部分。团队必须致力于实践创新并坚持不懈地去做，走阻力最小的路。创新思维是团队文化的一部分，是实现突破的唯一途径。对团队而言，以下是营建创新环境的六个步骤：

（1）角色模型：提出有力的问题，启动创造性思维，使用工具和练习"走出困境"。

（2）突出认知：承认正确的事情，也包括错误。

（3）探索安全：谈论你能看到的或你利用当前拥有的资源去"超越"可能性，探索新的甚至疯狂的想法是可以的。

（4）提供时间和资源：留出时间，提供空间、技术或外部资源供团队创新。

（5）总是寻找第二个正确的答案：养成总是寻找第二和第三正确答案的习惯。不要在第一个正确答案前停下来，因为这是限制创新思维的禁忌。

（6）将目标转化为规划：使创新成为一种期望或一种战略的方式。

一种创新文化是从接受世界真的发生了变化，并愿意接受更多的变化开始的。创新的难题有很多种，它们将以不同的方式出现在每一个组织中。一个人建立一个创新的组织应该是独一无二的，但对每一个组织来说，它都以正确的心态开始——必须预料到意料之外的事情。谁会想到手机会变成照相机和音乐播放器呢？谁会想到手机可与普通非专业的人交往，利用他们个人设备可连接全球的观众呢？这种心态必须从组织的顶端开始，并渗透到每一个层面。最重要的是，它包括文化的无形性，即组织中的信仰、期望和目的感。创造性思维与协作可以得到鼓舞和奖励，同时允许以许多形式与微妙的方式气馁。

持续创新的企业所需的能力是创造力、想象力、类比与移情。创新企业建立团队随着新流程和新思想的展开而变化。在市场增长加速的时候，思维能力与分析重点需要集中。一个组织内部成员与外部社区成员通常会有各自的见解和想法，若与他们相互交流、合作，从而会产生新的创新。下面是创建创新环境的四点建议：

（1）保持开放。想法并不总是来自专家，有时最大的创新来自新手或幕后成员，思想开明的组织往往把思想转变成适销对路的产品。

（2）寻找合作。任何组织都不善于开发新的创新，与外部团体的合作如互补的公司、大学、政府机构和智囊团，常常给创新过程带来新的观点和想法。

（3）管理走平。即扁平化的管理结构，没有长期的审批过程和阻碍创新的沟通思路。在管理上，扁平化的组织可以通过授权员工独立行动来达到同样的效果。

（4）拥抱失败。只有经受得住失败的人，才会见到创新成功的曙光。

许多伟大的创新通常情况下都是意外发现的，如发现青霉素或微波功率的突破是意外事故的结果。创新文化始于真正接受组织的改变，这是一种新方式看待世界的心态。许多组织关注解决问题，他们这样做的目的是创造一种创新文化氛围。当这种组织力量被放大时，它就会成为竞争优势的来源。创新与领导者的创新意识没有太大关系，它仅与领导者如何创造一种创新、创造力的文化气氛有关。

营造创新文化环境，如果这就是结论，那么领导者必须做些什么来促进创新呢？下面是营建创新环境四种策略：

（1）注重结果。因为当团队的领导人做出很大努力时，可清楚地预见一个给定情况下可能的结果发生，而不是将不好的结果实现。相反，团队领导者描绘了未来的愿景，并为团队成员对如何达到目标而负责。显然，创新的方法之一是让领导者确保每个人都知道战略目标以及任何目标的结果。通过专注于目标与结果，才能为创造性过程释放大量的能量与空间。

（2）相互信任。不是基于某种条件的信任，而是完全信任彼此。在这种情况下，使用"相互信任"一词，很明显这不仅仅是一个人应该做好的工作，更是为了使信任感渗透到团队人际关系中。

（3）挑战现状。团队领导者绝不是反叛者，但他们也不应该怕挑战管理层中更高地位的人。确实听说过很多案例，他们都是"无畏的"，或者他们愿意承担棘手的问题，即使这意味着在组织中与高层表达意见分歧。一位同行在描述创新者参加领导的会议时，特别使用了"健康的创造性张力"这个词。将问题与人区分开来，可以不同意也不讨厌，这样做会得到同事们的极大尊重。

（4）有启发性。要想创新，你必须有灵感！在没有其他领导者影响参与时，创新需要有灵感。同样，当人们感到被领导者激励时，他们更倾向于付出更多的努力，在项目上投入更多的精力。这种额外的努力和承诺往往是产生创新的清泉。

本章小结

区域经济要实现绿色发展，需从三方面努力：一是要提高自然环境的利用与保护；二是要重视人才环境的培育与提升；三是要建立相关的环境制度并认真执行。具体来讲，牢固树立创新、协调、绿色、开放、共享的新发展理念，适时有效地利用自然资源；营建创新环境，建立监督环境，确保制定有利于人才的政策与措施并落到实处。政府的政策导向要正确，并确保政策的连续性与稳定性。要想吸引人才、留住人才、更好发挥人才的积极性，需根据人才的需求，搭建好相应的学习、合作、沟通与倾诉平台。解决人才的合理需求与后顾之忧才是区域实现绿色发展的上上之策。

第八章　区域人才能力的预测及评价

芸芸众生，每个人能力不尽相同。人才是区域发展中最核心的要素，其能力受各种因素的影响，且随时间不断变化。在区域经济发展过程中，我们不能忽视个人能力的贡献，特别是有很强能力的人。或许，评价一个人的能力有多种方式或渠道，但在一个变化莫测的社会里，如何评价区域人才的能力，这是一个值得深入研究的课题。本书的人才预测主要针对科技人才，具体包括两个部分：一是人才状态预测，二是人才能力评估。

第一节　人才预测数学模型

人才预测是一个不断发展的领域，主要根据可靠的数据与辅助决策信息来帮助人力资源主管更好地理解和处理组织或企业内的供需挑战。人才预测正在迅速成为人力资源部门的重要战略工具，因为它可以帮助他们分析何种人才是合适的，预测人才如何在不同角色之间移动，甚至可以帮助他们判断人才何时将会离开。因此，建立区域人才预测模型具有十分重要的意义。

一、马尔可夫链

20 世纪初俄国数学家安德烈·安德烈耶维奇·马尔可夫（Andrey Andreyevich Markov）研究并提出一个用数学方法就能解释自然变化的一般规律模型，被命名为马尔可夫链（Markov Chain）。马尔可夫链是经历从一种状态（一种情况或一组值）到另一种状态（一种情况或一组值）转变的数学系统①，是概率论和数理统计中具有马尔可夫性质（Markov Property）且存在于离散的指数集和状态空间内的随机过程。简单地说，转换到任何特定状态的概率只取决于当前的状态和经过的时间。马尔可夫对研究独立随机序列的扩展表示出兴趣，因为它与帕维尔·涅克拉索夫（Pavel Nekrasov）的观点不一致，后者认为独立性对于弱大数定律至关重要。②

通常，术语"马尔可夫链"是指具有离散（有限或可数）状态空间的马尔可夫过程。马尔可夫链是由 X_0, X_1, X_2, $\cdots$ 构成一个符合条件独立性规则的随机变量序列。设 $\{X_t, t = 0, 1, 2, \cdots\}$ 为一个随机过程，它接受有限个可能值，其中 X_t 是 t 时刻的状态。除非另有规定，过程的可能值集将由一组 $\{0, 1, 2, \cdots\}$ 非负整数表示。如果 $X_t = a$，则表示 t 时刻的状态为 a。假设当过程处于状态 a 时，它下一次处于状态 b 的概率 T_{ab} 是固定的。也就是说，对于正整数时间 t 独立概率可用以下式子表示：

---

① GAGNIVC P A. Markov Chains: From Theory to Implementation and Experimentation [M]. NJ: John Wiley and Sons, 2017: 9-132.

② LI C K, ZHANG S X. Stationary probability vectors of higher-order Markov chains [J]. Linear Algebra and its Applications, 2015, 473 (15): 114-125.

$$T_{ab} = P(X_{t+1} = a \mid X_t = b, \ X_{t-1} = a_{t-1}, \ X_{t-2} = a_{t-2}, \ \cdots, \ X_1 = a_1, \ X_0 = a_0)$$

$$= T(X_{t+1} = a \mid X_t = b) \tag{8-1}$$

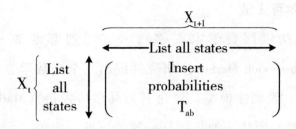

图 8-1　马尔可夫链中转移矩阵示意图

假设有限状态马尔可夫链的转移概率矩阵 T（见图 8-1）为

$$T = (T_{ab}) \ \forall a, \ b = \{0, \ 1, \ \cdots, \ n\}, \ (1 \leqslant a, \ b \leqslant n) \tag{8-2}$$

如图 8-1 所示，行代表现在（X_t），列表示下一个状态（X_{t+1}）。对于非负矩阵 T，马尔可夫过程的转移矩阵是随机的，即 $\sum_{a=1}^{n} T_{ab} = 1$。当 $b = 1, \ \cdots, \ n$，可表示为

$$\Phi_n = \left\{ \text{x} = (x_1, \ x_2, \ \cdots, \ x_n)': x_1, \ x_2, \ \cdots, \ x_n \geqslant 0, \ \sum_{a=1}^{n} x_a = 1 \right\} \tag{8-3}$$

Φ_n 是概率向量 H^n 的简单形式。[1] 如果 $Tx = x$，则非负向量 $x \in \Phi_n$ 是有限马尔可夫链的平稳概率向量。通过佩龙—弗罗宾尼斯（Perron-Frobenius）理论，每个离散时间马尔可夫链都有一个平稳概率向量，如果转移矩阵是本原矩阵，则向量是唯一的。[2][3] 马尔可

---

[1]　ROSS S M. Introduction to Probability Models [M]. San Diego：Academic Press，2003：65-93.

[2]　GAGNIVC P A. Markov Chains：From Theory to Implementation and Experimentation [M]. NJ：John Wiley and Sons，2017：9-132.

[3]　GUTIÉRREZ M S，LUCARINI V. Response and Sensitivity Using Markov Chains [J]. *Journal of Statistical Physics*，2020，179：1572-1593.

夫指定状态的概率仅由前状态的概率决定。m 阶马尔可夫链（其中 m 是有限的）是一个满足以下条件的过程：

$$T_{a, a_1, \cdots, a_m} = \mathbb{P}(X_{t+1} = a \mid X_t = a_1, X_{t-1} = a_2, X_{t-2} = a_3, \cdots, X_1 = a_t, X_0 = a_{t+1})$$

$$= \mathbb{P}(X_{t+1} = a \mid X_t = a_1, \cdots, X_{t-m+1} = a_m) \tag{8-4}$$

其中，$a, a_1, \cdots, a_m \in \{0, 1, \cdots, n\}$。实际上，人才未来的状态依赖于过去的状态。从公式 $\sum\limits_{a=1}^{n} T_{a, a_1, \cdots, a_m} = 1 (1 \leqslant a, a_1, \cdots, a_m \leqslant n)$ 中可以看出，当 $m = 1$ 时，这就是标准的马尔可夫链。根据以上规则，第 a 阶马尔可夫链中的 $\boldsymbol{T} = (T_{a, a_1, \cdots, a_m})$ 是 $\mathbf{H}^n$ 的 $(m + 1)$ 维折叠张量状态转换控制的表现形式：

$$x_a(t + 1) = \sum_{1 \leqslant a, a_1, \cdots, a_m \leqslant n} T_{a, a_1, \cdots, a_m} x_{a_1}(t) \cdots x_{a_m}(t) \tag{8-5}$$

其中，$a = 1, 2, \cdots, n$，$\boldsymbol{T}$ 可以称为马尔可夫链的转移概率张量。非负向量 $\boldsymbol{x} = (x_1, x_2, \cdots, x_n)^t \in \mathbf{H}^n$ 如果满足以下条件，则其总和等于 1 是一个平稳向量：

$$x_a = \sum_{1 \leqslant a, a_1, \cdots, a_m \leqslant n} T_{a, a_1, \cdots, a_m} x_{a_1}(t) \cdots x_{a_m}(t) \quad a = 1, 2, \cdots, n$$

$$\tag{8-6}$$

二、特征变量空间

根据相关理论①②③和实践，在数据收集过程中突出了以下内容。

---

① 于宝贵，沃小平．机电部优秀科技人才管理系统中人才预测与规划的数学模型方法 [J]．能源研究与信息，1992（2）：8-16.

② HOOIJBERG R，HVNT J G，DODGE G. Leadership Complexity and Development of the Leaderplex Model [J]．Journal of Management，23（3）：375-408.

③ 刘明洋．区域经济绿色发展评价研究 [D]．成都：四川大学，2018：1-132.

F_1：层次结构　F_2：学历结构　F_3：行业结构　F_4：年龄结构
F_5：创造能力　F_6：决策能力　F_7：沟通能力　F_8：专业结构

$\underbrace{\qquad\qquad\qquad\qquad\qquad\qquad\qquad\qquad\qquad}$
F 特征变量空间

通过对人才的数据采集、汇总及分析，可得到由八大要素组成的特征变量空间 F。

$$F = \left\{ F(a,\ b) \begin{vmatrix} F_{11} & F_{12} & \cdots & F_{17} & F_{18} \\ F_{21} & F_{22} & \cdots & F_{27} & F_{28} \\ \vdots & \vdots & \vdots & & \vdots \\ F_{71} & F_{72} & \cdots & F_{77} & F_{78} \\ F_{81} & F_{82} & \cdots & F_{87} & F_{88} \end{vmatrix} \right\} \tag{8-7}$$

公式（8-7）中特征参数被用作人才状态预测的目标变量，在预测过程中将其视为预测特征参数（或预测变量）；其中，F_{ab} 表示具有 a 特征的人才在具有 b 特征人员中的数量及分布比例，而 a，b $\in$ [1，8]。以上 56 种特征参量作为预测的目标变量，同时也是规划与决策的数据依据。状态转移模型（即马尔可夫链状态转移方程）预测是通过对人才不同状态的初始概率之间的转移概率进行分析研究，以此确定人才状态变化趋势。

三、人才状态分析

基于马尔可夫链[①]，$g_a(t)$ 可以做如下表述：

$$g_a(t) = \sum_{b=1}^{k} g_b(t-1) T_{ba}(t) + s_a(t) \tag{8-8}$$

$g_a(t)$ 为 t 时刻 a 类特征人才的人数，$T_{ba}(t)$ 为 b 类特征人才向 a

[①]　LI C K，ZHANG S. Stationary probability vectors of higher-order Markov chains [J]. Linear Algebra and its Applications，2015，473：114-125.

类特征人才转移的转移概率，$s_a(t)$ 为时间 $(t-1, t)$ 内 a 类特征人才的补充人数。则有 a，b = 1，2，$\cdots$，k（k 是分类数），t = 1，2，$\cdots$，t_n。如果 b 类特征中人才外流，则应有

$$\sum_{b=1}^{k} T_{ba} < 1 \tag{8-9}$$

因此，$g_a(t)$ 与 $s_a(t)$ 可以改写成向量形式：

$$\mathbf{G}(t) = (G_1(t), G_2(t), \cdots, G_k(t)) \tag{8-10}$$

$$\mathbf{S}(t) = (S_1(t), S_2(t), \cdots, S_k(t)) \tag{8-11}$$

其中，$\mathbf{G}(t)$ 是 t 时刻人才数量的行向量，$\mathbf{S}(t)$ 是 t 时刻人才补充人数的行向量。

各类型之间的转移矩阵为

$$\boldsymbol{T} = \begin{pmatrix} T_{11} & T_{12} & \cdots & T_{1k-1} & T_{1k} \\ T_{21} & T_{22} & \cdots & T_{2k-1} & T_{2k} \\ & \vdots & \vdots & & \vdots \\ T_{k-11} & T_{k-12} & \cdots & T_{k-1k-1} & T_{k-1k} \\ T_{k1} & T_{k2} & \cdots & T_{kk-1} & T_{kk} \end{pmatrix} \tag{8-12}$$

因此，公式（8-8）可以改写成向量形式：

$$\mathbf{G}(t) = \mathbf{G}(t-1) \cdot \boldsymbol{T} + \mathbf{S}(t) \tag{8-13}$$

当 t = 1，2，$\cdots$，t_n，假设存在 $t-1$ 至 t 时刻的数据，$M_{ab}(t)$ 可以定义从一个类 a 到类 b 的在 $(t-1, t)$ 时间内人才的数量。因此，转移概率 T_{ab} 可定义为

$$T_{ab} = \sum_{t=t_0}^{t_n} M_{ab}(t) \bigg/ \sum_{t=t_0}^{t_n} G_a(t-1) \tag{8-14}$$

其中，$a \in [1, k]$，$b \in [1, k]$。当 $b = 0$ 时，T_{a0} 是人才从类 a 中流失的概率。

在用状态转移模型预测人才状况时，不需要大量的统计资料，只需要近期的数据。每个类别的模型类似于人才层级之间的动态转移。通过近年来人才数据的变化，可以得到转移概率。基于预测特征变量 F_{ab}，可以建立相应的人才状态空间。假设 $X_{rdiy}(t)$ 是 t 时刻的状态变量：下标中 r 是人才的等级或层次，d 代指文凭和专业，i 代表人才工作的行业，y 代表年龄。从广义上讲，r 被中国政府划分为三个层次：优秀人才（Outstanding talents）、领军人才（Leading talents）和拔尖人才（Top-notch talents）。实际上，r 可被细分为 6 个层次。在求解状态变量 $X_{rdiy}(t)$ 后，F_{ab} 可根据实际情况进行推导。

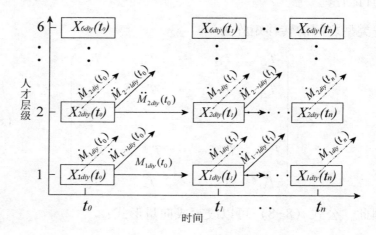

图 8-2　人才层次结构的状态转移过程示意图

注：$X_{rdiy}(t_0)$ 具有 r，d，i 与 y 特征的科技人才在 t_0 的人数，$\dot{M}_{rdiy}(t_0)$ 具有 r，d，i 与 y 特征的科技人才在（$t_0 \sim t_1$）的流失人数。$\ddot{M}_{r \rightarrow ldiy}(t_0)$ 具有 r，d，i 与 y 特征的科技人才在 t_0 时刻从 r 层转移至 l 层的人数。

由图 8-2 人才层次结构的状态转移过程，可得相应的状态转移方程：

$$X_{rdiy}(t+1) = \sum_{r=1}^{l} \ddot{M}_{r\to ldiy}(t_0) \qquad (8-15)$$

$$X_{rdiy}(t) = \sum_{r=1}^{l} \ddot{M}_{r\to ldiy}(t) + \dot{M}_{rdiy}(t) \cdot X_{rdiy}(t) \qquad (8-16)$$

假设：$\overline{D}_{rdiy}(t)$ 为 t 时刻具有（$rdiy$）特征的人才流失率，$\overline{M}_{rdiy}(t)$ 为 t 时刻具有（$rdiy$）特征的 l 层次转移率，则式（8-15）和式（8-16）可写成：

$$X_{rdiy}(t+1) = \sum_{r=1}^{l} \overline{M}_{r\to ldiy}(t) \cdot X_{rdiy}(t) \qquad (8-17)$$

$$X_{rdiy}(t) = \sum_{r=1}^{l} \overline{M}_{r\to ldiy}(t) + \overline{D}_{rdiy}(t) \cdot X_{rdiy}(t) \qquad (8-18)$$

其中，$\ddot{M}_{r\to ldiy}(t_0)$ 为 t 时刻具有（$rdiy$）特征的人才从 r 层向 l 层的流失率。

因此，状态空间向量：

$$\mathbf{X}_{diy}(t) = (X_{1diy}(t), X_{2diy}(t), \cdots, X_{6diy}(t)) \qquad (8-19)$$

状态转移向量：

$$\overline{\mathbf{M}}_{diy}(t) = (\overline{M}_{1diy}(t), \overline{M}_{2diy}(t), \cdots, \overline{M}_{6diy}(t)) \qquad (8-20)$$

流失向量：

$$\overline{\mathbf{D}}_{diy}(t) = (\overline{D}_{1diy}(t), \overline{D}_{2diy}(t), \cdots, \overline{D}_{6diy}(t)) \qquad (8-21)$$

根据上述方程，可得到 $(t \sim t+1)$ 时刻的状态转移方程：

$$\mathbf{X}_{diy}(t+1) = \overline{\mathbf{M}}_{diy}(t) \cdot \mathbf{X}_{diy}(t) \qquad (8-22)$$

$$\mathbf{X}_{diy}(t) = \overline{\mathbf{M}}_{diy}(t) \cdot \mathbf{X}_{diy}(t) + \overline{\mathbf{D}}_{diy}(t) \cdot \mathbf{X}_{diy}(t) \qquad (8-23)$$

人才在层次结构方面的状态转移如表 8-1 所示。

表 8-1 人才层次结构的状态转移方程

人才分类	人才层级	人才状态转移方程
优秀人才	1st	$X_{1diy}(t) = X_{0diy}(t) + \overline{D}_{1diy}(t) \cdot X_{1diy}(t)$
	2nd	$X_{2diy}(t) = \sum_{r=1}^{l=2} \overline{M}_{r \to ldiy}(t) + \overline{D}_{2diy}(t) \cdot X_{2diy}(t)$
领军人才	3rd	$X_{3diy}(t) = \sum_{r=1}^{l=3} \overline{M}_{r \to ldiy}(t) + \overline{D}_{3diy}(t) \cdot X_{3diy}(t)$
	4th	$X_{4diy}(t) = \sum_{r=1}^{l=4} \overline{M}_{r \to ldiy}(t) + \overline{D}_{4diy}(t) \cdot X_{4diy}(t)$
顶尖人才	5th	$X_{5diy}(t) = \sum_{r=1}^{l=5} \overline{M}_{r \to ldiy}(t) + \overline{D}_{5diy}(t) \cdot X_{5diy}(t)$
	6th	$X_{6diy}(t) = \sum_{r=1}^{l=6} \overline{M}_{r \to ldiy}(t) + \overline{D}_{6diy}(t) \cdot X_{6diy}(t)$

注：$X_{0diy}(t)$ 是团队的初始人数。

同样，可以获得人才其他状态如专业、年龄和行业特征的转移过程。通过上述人才预测模型可见：人才状态预测受许多因素的影响，并且随时间而变化，是一个具有多变量的复杂动态过程。

第二节 综合能力评价模型

在竞争日益激烈的区域人才争夺过程中，如何避免人才流失是一个非常复杂的问题。晋升可能是解决此问题的一种相对好的方法。

无论人才是否应该晋升，前提都是基于团队人才的现状。为防止人才流失，尤其是科学技术人才的流失，企业高管或人力资源部门应积极对本企业人才能力进行评估。

一、因子评价矩阵

在本研究中，预测模型作为一种解决科技企业中人才状态转移问题的方法。应考虑如何充分评估个人综合能力等问题。因此，提出如下假设：

因子集：

$$U = \{u_1, u_2, \cdots, u_a\} \tag{8-24}$$

单因素多级标度：

$$V = \{v_1, v_2, \cdots, v_b\} \tag{8-25}$$

其中，a，$b = 1$，2，3，$\cdots$。单因素决策，即固定单因素 $u \in U$ 使其满足：

$$Q(u) \in J(v) \tag{8-26}$$

最终，一个单因素评估模型 (U, V, Q) 形成。以某团队的张某为例，试图预测张某的能力。结构因子的假设如下：

$U = \{$创造能力，决策能力，沟通能力，专业能力$\}$

$V = \{$很好，好，一般，差，很差$\}$

以下测试项使用五点类似利克尔（Liker）量表：1 代表"很差"，5 代表"很好"，如表 8-2 所示。本书选择了四个特征变量作为整个评估过程的演示。

表 8-2　测量单因素评估模型中调查项

测试项	主要内容	测试结果	结果代码
创造能力	被测试者可以解决创新的关键问题	很好	5
	被测试者可以解决创新的较为复杂问题	好	4
	被测试者可以解决创新的一般问题	一般	3
	被测试者仅能胜任日常问题	差	2
	被测试者不能胜任日常问题	很差	1
决策能力	被测试者可以对方案果断且准确选择	很好	5
	被测试者可以对方案较为果断且准确选择	好	4
	被测试者对方案经长时间考虑才能做选择	一般	3
	被测试者对方案选择十分困难	差	2
	被测试者不能对方案做出选择	很差	1
沟通能力	被测试者有很强的沟通能力	很好	5
	被测试者具有良好的沟通能力	好	4
	被测试者具有一般的沟通能力	一般	3
	被测试者具有简单的沟通技巧	差	2
	被测试者不能与团队其他成员沟通	很差	1
专业能力	被测试者具有很强的专业能力	很好	5
	被测试者具有良好的专业能力	好	4
	被测试者具有一般的专业能力	一般	3
	被测试者的专业能力差	差	2
	被测试者的专业能力很差	很差	1

在上述前提下，由委员会各成员对被测试者张某进行评估。例如，委员会对张某的评价：创造能力"很好"，但出于客观原因，近期的决策能力"好"，沟通水平"一般"，但专业能力"好"。它可以用表 8-3 表示。

表8-3 委员会对张某的总体评价结果

评价因子	创造能力	决策能力	沟通能力	专业能力
评价结果	很好	好	一般	好
结果代码	5	4	3	4

评价委员会对张某的评价结果可以用矩阵表示（见表8-4）。

表8-4 委员会对张某的评价结果矩阵表达

等级代码	5	4	3	2	1
创造能力					
决策能力		$\begin{pmatrix} 1 & 0 & 0 & 0 & 0 \\ 0 & 1 & 0 & 0 & 0 \\ 0 & 0 & 1 & 0 & 0 \\ 0 & 1 & 0 & 0 & 0 \end{pmatrix}$			
沟通能力					
专业能力					

为了建立预测模型，必须建立单因素评价矩阵 $\boldsymbol{Q}_{a \times b}$（其中 a 是被评价单因子的个数，b 是类似 Liker 量表中层级数）由评估委员会对张某的评估结果构成。根据评估委员会对张某的评估，$\boldsymbol{Q}_{4 \times 5}$ 可以表示如下：

$$\boldsymbol{Q}_{4 \times 5} = \begin{pmatrix} 7 & 2 & 1 & 0 & 0 \\ 2 & 6 & 2 & 0 & 0 \\ 0 & 1 & 8 & 1 & 0 \\ 1 & 7 & 2 & 0 & 0 \end{pmatrix}$$

在矩阵 $\boldsymbol{Q}_{4 \times 5}$ 中，第一行的数据显示：10名评委中有7名认为张某的创造能力"很好"，2名认为"好"，1名评委认为应为"普通"。同样，其他行数据类似。

矩阵 $\boldsymbol{Q}_{4 \times 5}$ 的每个元素除以评委人数，这是一个单因素评估矩阵。

因此，矩阵 $\boldsymbol{Q}_{4\times5}$ 可改写为以下形式：

$$\hat{\boldsymbol{Q}}_{4\times5} = \begin{pmatrix} 7/10 & 2/10 & 1/10 & 0 & 0 \\ 2/10 & 6/10 & 2/10 & 0 & 0 \\ 0 & 1/10 & 8/10 & 1/10 & 0 \\ 1/10 & 7/10 & 2/10 & 0 & 0 \end{pmatrix}$$

关于评价委员会对张某的评估，矩阵 $\hat{\boldsymbol{Q}}_{4\times5}$ 第一行数字表明：评价委员会中认为张某的创造能力为"很好"占 7/10，认为"好"占 2/10，认为"普通"占 1/10；其他行的意义与此类似。

二、独立概率矩阵

要预测人才的综合能力，需明确人才各种能力的概率。因此，人才综合能力的概率矩阵可以描述如下。

$$\boldsymbol{P}_{m\times n} = \begin{pmatrix} P_{11} & P_{12} & \cdots & P_{1m-1} & P_{1m} \\ P_{21} & P_{22} & \cdots & P_{2m-1} & P_{2m} \\ \vdots & \vdots & & \vdots & \vdots \\ P_{n-11} & P_{n-12} & \cdots & P_{n-1m-1} & P_{n-1m} \\ P_{n1} & P_{n2} & \cdots & P_{nm-1} & P_{nm} \end{pmatrix} \qquad (8-27)$$

其中 $\boldsymbol{P}_{m\times n}$ 是人才综合能力的概率矩阵，它包括 P_{nm} 与 P_{mn}。P_{nm} 表示由能力 n 到能力 m 转移概率，这可以由专家评估或测试预估。当 $n\in[1,4]$，$m=n$ 时，它代表了四种能力之间转化的概率：创造能力、决策能力、沟通能力与专业能力。因此，每种能力的独立概率 $\hat{P}_{nn}$ 可以表示为：

$$\hat{P}_{nn} = P_{nn} + \sum_{k=1}^{n} (P_{kn} - P_{nk})(k \neq n, \ k < n) \qquad (8-28)$$

人才各种能力的独立概率可以用如下矩阵表示：

$$\hat{P}_{n \times n} = \begin{pmatrix} \hat{P}_{11} & 0 & \cdots & 0 & 0 \\ 0 & \hat{P}_{22} & \cdots & 0 & 0 \\ \vdots & \vdots & & \vdots & \vdots \\ 0 & 0 & \cdots & \hat{P}_{n-1n-1} & 0 \\ 0 & 0 & \cdots & 0 & \hat{P}_{nn} \end{pmatrix} \quad (8-29)$$

假设：人才创造能力的独立概率为 0.56，人才决策能力的独立概率为 0.43，人才沟通能力的独立概率为 0.47，人才专业能力的独立概率为 0.29。因此，张某的四种能力的独立概率矩阵表达如下：

$$\hat{P}_{4 \times 4} = \begin{pmatrix} 0.56 & 0 & 0 & 0 \\ 0 & 0.43 & 0 & 0 \\ 0 & 0 & 0.47 & 0 \\ 0 & 0 & 0 & 0.29 \end{pmatrix}$$

三、综合评价矩阵

为了更好地评估人才个人能力，除了单因素矩阵和人才综合能力的概率矩阵外，还应考虑权重。由于评估过程中各种因素的比例不同，需要一种测量权重的方法——熵权法。熵是系统无序程度的度量，它可以测量数据提供的有效信息。[1] 假设有 n 个评价指标和 m 个评价目标，那么可以形成评价矩阵 $E_{m \times n}$。

---

[1] QI Y G, WEN F, WANG K, et al. A fuzzy comprehensive evaluation and entropy weight decision-making based method for power network structure assessment [J]. International Journal of Engineering, Science and Technology, 2015, 2 (5): 92-99.

$$E_{m \times n} = \begin{pmatrix} e_{11} & e_{12} & \cdots & e_{1n-1} & e_{1n} \\ e_{21} & e_{22} & \cdots & e_{2n-1} & e_{2n} \\ \vdots & \vdots & & \vdots & \vdots \\ e_{m-11} & e_{m-12} & \cdots & e_{m-1n-1} & e_{m-1n} \\ e_{m1} & e_{m2} & \cdots & e_{mn-1} & e_{mn} \end{pmatrix} \quad (8-30)$$

矩阵 $E_{m \times n}$ 归一化后，可以得到以下表达式：

$$Z = (z_{ab})_{m \times n} \quad (8-31)$$

其中，z_{ab} 表示第 a 个被测试者的第 b 个评价指标，$z_{ab} \in [0, 1]$。对于高指标或低指标通过采用不同的算法进行数据标准化处理。

正向指标：

$$z_{ab} = \frac{z_{ab} - \min(z_b)}{\max(z_b) - \min(z_b)} \quad (8-32)$$

负向指标：

$$z_{ab} = \frac{\max(z_b) - z_{ab}}{\max(z_b) - \min(z_b)} \quad (8-33)$$

当评价过程中存在 n 个评价指标 m 个被测试者，指标熵定义为

$$h_b = -\frac{1}{\ln(m)} \sum_{a=1}^{m} \left(z_{ab} \bigg/ \sum_{a=1}^{m} z_{ab} \right) \cdot \ln\left(z_{ab} \bigg/ \sum_{a=1}^{m} z_{ab} \right) \quad (8-34)$$

其中 $b = 1, 2, \cdots, n$，当 $z_{ab} \bigg/ \sum\limits_{a=1}^{m} z_{ab} = 0$ 时，则 $\left(z_{ab} \bigg/ \sum\limits_{a=1}^{m} z_{ab} \right) \cdot$

$\ln\left(z_{ab} \bigg/ \sum\limits_{a=1}^{m} z_{ab} \right) = 0$。

熵的第 b 个评价指标的权重可以定义为

$$W_b = (1 - h_b) / \left(n - \sum_{b=1}^{n} h_b \right) \quad (8-35)$$

其中 $b = 1, 2, \cdots, n$。从上面可以看出：当 $0 \leqslant W_b \leqslant 1$ 且

$\sum\limits_{b=1}^{n} h_b = 1$ 时，则权重可表示为

$$\hat{W}_{1 \times n} = (W_1,\ W_2,\ W_3,\ \cdots,\ W_n) \qquad (8\text{-}36)$$

假设：熵权法计算权重如表 8-5 所示。

表 8-5　熵权法求取权重

创造能力 W_1	决策能力 W_2	沟通能力 W_3	专业能力 W_4
0.33	0.21	0.12	0.15

注：权重计算应基于实际数据。

权重矩阵归一化后，$\hat{W}_{1 \times 4} = (0.41,\ 0.26,\ 0.15,\ 0.19)$。综合评估矩阵可用于评估个人能力。在确定各种人才能力的权重后，综合评估矩阵 $C_{1 \times m}$ 计算式子如下：

$$C_{1 \times m} = \hat{W}_{1 \times n} \times \hat{P}_{n \times m} \times \hat{Q}_{m \times n} \qquad (8\text{-}37)$$

对于张某，综合评价矩阵 $C_{1 \times m}$ 计算过程如下：

$$C_{1 \times 5} = \hat{W}_{1 \times 4} \times \hat{P}_{4 \times 4} \times \hat{Q}_{4 \times 5}$$

$$= (0.41,\ 0.26,\ 0.15,\ 0.19)$$

$$\times \begin{pmatrix} 0.56 & 0 & 0 & 0 \\ 0 & 0.43 & 0 & 0 \\ 0 & 0 & 0.47 & 0 \\ 0 & 0 & 0 & 0.29 \end{pmatrix}$$

$$\times \begin{pmatrix} 7/10 & 2/10 & 1/10 & 0 & 0 \\ 2/10 & 6/10 & 2/10 & 0 & 0 \\ 0 & 1/10 & 8/10 & 1/10 & 0 \\ 1/10 & 7/10 & 2/10 & 0 & 0 \end{pmatrix}$$

$$= (0.189,\ 0.157,\ 0.113,\ 0.007,\ 0)$$

归一化后，$C_{1 \times 5}$ = (0.40，0.34，0.24，0.02，0) 。这意味着评估委员会 40% 的成员认为张某的综合能力"更好"，34% 的评估委员会成员认为张某的综合能力"好"，24% 的评估委员会成员认为张某的综合能力"一般"，2% 的评审委员会成员认为张某的综合能力"差"，没有人认为张某的综合能力"很差"。

本章小结

本书对于区域人才的评估，目前仅针对人才所在团队的状态预测情况进行了研究，即对个人能力的评估是基于团队中个人当前的创造能力、决策能力、沟通能力、专业能力来评估的。本书主要从学历层次、年龄等要素来考虑人才在团队中的能力表现，从一般学历在本科或本科以上，年龄从 22 岁至 50 岁来分析。由于团队对经济的贡献是一个难题，个人能力在团队中所占的比重评估无法考虑所有的因素。因此，利用本模型进一步预测人才对经济贡献的适应性就十分受限。本研究仅为一种评估人才对区域发展贡献的一种前期探索。

对区域人才的评价，本书只是一种尝试，希望以后可以在这方面进一步研究。未来，应该考虑如何评估个人在经济价值方面的潜力，即对人才个人能力的经济评估。要实现上述目标，需考虑更多的因素，如年龄、行业、层次、学历等因素。对人才个人能力的经济评估是一项错综复杂的系统工程，需要花更多的时间与精力去探索，本书仅抛砖引玉，敬请各位专家及学者批评指正。

附录一

区域经济绿色发展调查问卷 （一）

姓名：　　　　　电话：　　　　　城市：　　　　　填写时间：

性别：◎男 ◎女

年龄：◎22~26 ◎27~29 ◎30~35 ◎36~44

学历：◎大专　◎本科　◎硕士　◎博士及以上

学校类别：◎985 ◎211◎非985与211 ◎海外高校

职业类别：◎公务员 ◎教育及科研 ◎金融业 ◎工商业 ◎医疗业
◎其他

区域经济绿色发展

企业直接影响区域经济绿色增长：

◎非常同意 ◎同意 ◎略同意 ◎中立 ◎略反对 ◎反对 ◎强烈反对

自然资源直接影响区域经济绿色增长：

◎非常同意 ◎同意 ◎略同意 ◎中立 ◎略反对 ◎反对 ◎强烈反对

环境污染直接影响区域经济绿色增长：

◎非常同意 ◎同意 ◎略同意 ◎中立 ◎略反对 ◎反对 ◎强烈反对

环境污染直接影响自然资源的质量：

◎非常同意 ◎同意 ◎略同意 ◎中立 ◎略反对 ◎反对 ◎强烈反对

环境污染直接影响区域企业的发展：

◎非常同意 ◎同意 ◎略同意 ◎中立 ◎略反对 ◎反对 ◎强烈反对

环境污染直接影响区域人才根植环境：

◎非常同意 ◎同意 ◎略同意 ◎中立 ◎略反对 ◎反对 ◎强烈反对

生态破坏直接影响区域经济绿色增长：

◎非常同意 ◎同意 ◎略同意 ◎中立 ◎略反对 ◎反对 ◎强烈反对

生态破坏直接影响自然资源的质量：

◎非常同意 ◎同意 ◎略同意 ◎中立 ◎略反对 ◎反对 ◎强烈反对

生态破坏直接影响区域企业的发展：

◎非常同意 ◎同意 ◎略同意 ◎中立 ◎略反对 ◎反对 ◎强烈反对

生态破坏直接影响区域人才根植环境：

◎非常同意 ◎同意 ◎略同意 ◎中立 ◎略反对 ◎反对 ◎强烈反对

人才根植环境直接影响区域经济绿色增长：

◎非常同意 ◎同意 ◎略同意 ◎中立 ◎略反对 ◎反对 ◎强烈反对

人才根植环境

教育投资直接影响人才引进：

◎非常同意 ◎同意 ◎略同意 ◎中立 ◎略反对 ◎反对 ◎强烈反对

教育投资直接影响人才发展：

◎非常同意 ◎同意 ◎略同意 ◎中立 ◎略反对 ◎反对 ◎强烈反对

教育投资直接影响人才交流平台的质量：

◎非常同意 ◎同意 ◎略同意 ◎中立 ◎略反对 ◎反对 ◎强烈反对

人才交流平台直接影响区域政策导向：

◎非常同意 ◎同意 ◎略同意 ◎中立 ◎略反对 ◎反对 ◎强烈反对

人才交流平台直接影响区域人才引进：

◎非常同意 ◎同意 ◎略同意 ◎中立 ◎略反对 ◎反对 ◎强烈反对

人才交流平台直接影响区域人才发展：

◎非常同意 ◎同意 ◎略同意 ◎中立 ◎略反对 ◎反对 ◎强烈反对

政策导向直接影响区域人才环境：

◎非常同意 ◎同意 ◎略同意 ◎中立 ◎略反对 ◎反对 ◎强烈反对

政策导向直接影响区域人才引进：

◎非常同意 ◎同意 ◎略同意 ◎中立 ◎略反对 ◎反对 ◎强烈反对

政策导向直接影响区域人才发展：

◎非常同意 ◎同意 ◎略同意 ◎中立 ◎略反对 ◎反对 ◎强烈反对

人才环境直接影响区域人才引进：

◎非常同意 ◎同意 ◎略同意 ◎中立 ◎略反对 ◎反对 ◎强烈反对

人才环境直接影响区域人才发展：

◎非常同意 ◎同意 ◎略同意 ◎中立 ◎略反对 ◎反对 ◎强烈反对

人才引进是人才根植环境构成因素之一：

◎非常同意 ◎同意 ◎略同意 ◎中立 ◎略反对 ◎反对 ◎强烈反对

人才发展是人才根植环境构成因素之一：

◎非常同意 ◎同意 ◎略同意 ◎中立 ◎略反对 ◎反对 ◎强烈反对

（注：本问卷所询问有关您的基本情况将不会用来披露任何人的身份）

区域经济绿色发展之人才根植环境调查问卷（二）

姓名：   电话：   城市：   填写时间：

性别：◎男 ◎女

年龄：◎22~26 ◎27~29 ◎30~35 ◎36~44

学历：◎大专   ◎本科   ◎硕士   ◎博士及以上

学校类别：◎985 ◎211◎非985与211 ◎海外高校

职业类别：◎公务员 ◎教育及科研 ◎金融业 ◎工商业 ◎医疗业
◎其他

教育投资

良好的教育环境有利于我和我的孩子的发展：

◎非常同意 ◎同意 ◎略同意 ◎中立 ◎略反对 ◎反对 ◎强烈反对

教育环境影响着我和我孩子的未来发展：

◎非常同意 ◎同意 ◎略同意 ◎中立 ◎略反对 ◎反对 ◎强烈反对

教育投资是打造人才交流平台、引进人才、促进人才发展的关键：

◎非常同意 ◎同意 ◎略同意 ◎中立 ◎略反对 ◎反对 ◎强烈反对

人才交流平台

人才交流平台有助于人才培养：

◎非常同意 ◎同意 ◎略同意 ◎中立 ◎略反对 ◎反对 ◎强烈反对

从长远看，人才交流平台有助于我未来的发展：

◎非常同意 ◎同意 ◎略同意 ◎中立 ◎略反对 ◎反对 ◎强烈反对

人才交流平台有助于建立高质量的政策导向、引进人才和帮助人才发展：

◎非常同意 ◎同意 ◎略同意 ◎中立 ◎略反对 ◎反对 ◎强烈反对

政策导向

政策导向的前瞻性对于人才引进和人才发展至关重要：

◎非常同意 ◎同意 ◎略同意 ◎中立 ◎略反对 ◎反对 ◎强烈反对

政策导向的连续性对区域发展十分重要：

◎非常同意 ◎同意 ◎略同意 ◎中立 ◎略反对 ◎反对 ◎强烈反对

政策导向的稳定性对于创造人才环境、引进人才、帮助人才发展至关重要：

◎非常同意 ◎同意 ◎略同意 ◎中立 ◎略反对 ◎反对 ◎强烈反对

人文环境

我认为人文环境对人才引进和发展至关重要：

◎非常同意 ◎同意 ◎略同意 ◎中立 ◎略反对 ◎反对 ◎强烈反对

我认为好的医疗环境对人才具有很大的吸引力：

◎非常同意 ◎同意 ◎略同意 ◎中立 ◎略反对 ◎反对 ◎强烈反对

良好的工作环境对人才具有很大的诱惑力：

◎非常同意 ◎同意 ◎略同意 ◎中立 ◎略反对 ◎反对 ◎强烈反对

对我本人来说好的生活环境十分重要：

◎非常同意 ◎同意 ◎略同意 ◎中立 ◎略反对 ◎反对 ◎强烈反对

交通环境会影响一个人的心情：

◎非常同意 ◎同意 ◎略同意 ◎中立 ◎略反对 ◎反对 ◎强烈反对

人才发展

构建人才发展环境是建设人才根植环境的重要组成部分：

◎非常同意 ◎同意 ◎略同意 ◎中立 ◎略反对 ◎反对 ◎强烈反对

我十分关心我的空间与假期时间的长短：

◎非常同意 ◎同意 ◎略同意 ◎中立 ◎略反对 ◎反对 ◎强烈反对

我很在意收入与发展空间：

◎非常同意 ◎同意 ◎略同意 ◎中立 ◎略反对 ◎反对 ◎强烈反对

人才吸引

构建人才吸引环境是建设人才根植环境的重要组成部分：

◎非常同意 ◎同意 ◎略同意 ◎中立 ◎略反对 ◎反对 ◎强烈反对

优秀人才有享受免税权：

◎非常同意 ◎同意 ◎略同意 ◎中立 ◎略反对 ◎反对 ◎强烈反对

我会考虑孩子上学是否方便：

◎非常同意 ◎同意 ◎略同意 ◎中立 ◎略反对 ◎反对 ◎强烈反对

人才根植环境

人才根植环境对促进区域经济增长至关重要：

◎非常同意 ◎同意 ◎略同意 ◎中立 ◎略反对 ◎反对 ◎强烈反对

良好的生态环境与服务平台对人才很重要：

◎非常同意 ◎同意 ◎略同意 ◎中立 ◎略反对 ◎反对 ◎强烈反对

承诺是否能兑现直接影响人才的去留：

◎非常同意 ◎同意 ◎略同意 ◎中立 ◎略反对 ◎反对 ◎强烈反对

自然资源

自然资源的结构是经济增长的关键：

◎非常同意 ◎同意 ◎略同意 ◎中立 ◎略反对 ◎反对 ◎强烈反对

自然资源的多寡会影响企业及高新企业的引入：

◎非常同意 ◎同意 ◎略同意 ◎中立 ◎略反对 ◎反对 ◎强烈反对

自然资源的质量会影响企业的发展：

◎非常同意 ◎同意 ◎略同意 ◎中立 ◎略反对 ◎反对 ◎强烈反对

经济增长

经济增长的效率对区域发展来说十分必要：

◎非常同意 ◎同意 ◎略同意 ◎中立 ◎略反对 ◎反对 ◎强烈反对

经济绿色增长极其重要：

◎非常同意 ◎同意 ◎略同意 ◎中立 ◎略反对 ◎反对 ◎强烈反对

可持续增长对区域发展非常重要：

◎非常同意 ◎同意 ◎略同意 ◎中立 ◎略反对 ◎反对 ◎强烈反对

（注：本问卷所询问有关您的基本情况将不会用来披露任何人的身份）

区域经济绿色发展之自然环境调查问卷（三）

姓名：　　　电话：　　　城市：　　　　填写时间：

性别：◎男 ◎女

年龄：◎22~26 ◎27~29 ◎30~35 ◎36~44

学历：◎大专　◎本科　◎硕士　◎博士及以上

学校类别：◎985 ◎211 ◎非985与211　◎海外高校

职业类别：◎公务员 ◎教育及科研 ◎金融业 ◎工商业 ◎医疗业 ◎其他

人才根植环境

人才根植环境会影响人才去留：

◎非常同意 ◎同意 ◎略同意 ◎中立 ◎略反对 ◎反对 ◎强烈反对

人才根植环境会影响人才对区域的认同感：

◎非常同意 ◎同意 ◎略同意 ◎中立 ◎略反对 ◎反对 ◎强烈反对

人才根植环境对促进经济增长至关重要：

◎非常同意 ◎同意 ◎略同意 ◎中立 ◎略反对 ◎反对 ◎强烈反对

随着年龄增长对根植环境需求也会随之改变：

◎非常同意 ◎同意 ◎略同意 ◎中立 ◎略反对 ◎反对 ◎强烈反对

企业

企业类型不一样对经济增长的贡献大小也不一样：

◎非常同意 ◎同意 ◎略同意 ◎中立 ◎略反对 ◎反对 ◎强烈反对

管理模式直接影响企业的效率：

◎非常同意 ◎同意 ◎略同意 ◎中立 ◎略反对 ◎反对 ◎强烈反对

人才结构直接影响企业的发展：

◎非常同意 ◎同意 ◎略同意 ◎中立 ◎略反对 ◎反对 ◎强烈反对

创新能力决定着企业的未来：

◎非常同意 ◎同意 ◎略同意 ◎中立 ◎略反对 ◎反对 ◎强烈反对

生态破坏

生态破坏将影响自然资源的质量：

◎非常同意 ◎同意 ◎略同意 ◎中立 ◎略反对 ◎反对 ◎强烈反对

生态破坏会影响经济增长：

◎非常同意 ◎同意 ◎略同意 ◎中立 ◎略反对 ◎反对 ◎强烈反对

生态破坏会影响企业的发展：

◎非常同意 ◎同意 ◎略同意 ◎中立 ◎略反对 ◎反对 ◎强烈反对

生态破坏将影响人才根植环境的构建：

◎非常同意 ◎同意 ◎略同意 ◎中立 ◎略反对 ◎反对 ◎强烈反对

环境污染

大气、水体与土壤污染会影响经济的发展：

◎非常同意 ◎同意 ◎略同意 ◎中立 ◎略反对 ◎反对 ◎强烈反对

辐射污染会影响经济的发展：

◎非常同意 ◎同意 ◎略同意 ◎中立 ◎略反对 ◎反对 ◎强烈反对

农药污染会影响经济的发展：

◎非常同意 ◎同意 ◎略同意 ◎中立 ◎略反对 ◎反对 ◎强烈反对

环境污染将影响自然资源的质量：

◎非常同意 ◎同意 ◎略同意 ◎中立 ◎略反对 ◎反对 ◎强烈反对

环境污染将影响经济增长：

◎非常同意 ◎同意 ◎略同意 ◎中立 ◎略反对 ◎反对 ◎强烈反对

环境污染将影响企业的发展：

◎非常同意 ◎同意 ◎略同意 ◎中立 ◎略反对 ◎反对 ◎强烈反对

环境污染将影响人才根植环境的构建：

◎非常同意 ◎同意 ◎略同意 ◎中立 ◎略反对 ◎反对 ◎强烈反对

自然资源

自然资源的结构是经济增长的关键：

◎非常同意 ◎同意 ◎略同意 ◎中立 ◎略反对 ◎反对 ◎强烈反对

自然资源的多寡会影响企业及高新企业的引入：

◎非常同意 ◎同意 ◎略同意 ◎中立 ◎略反对 ◎反对 ◎强烈反对

自然资源的质量会影响企业的发展：

◎非常同意 ◎同意 ◎略同意 ◎中立 ◎略反对 ◎反对 ◎强烈反对

经济增长

经济增长的效率对区域发展来说十分必要：

◎非常同意 ◎同意 ◎略同意 ◎中立 ◎略反对 ◎反对 ◎强烈反对

经济绿色增长极其重要：

◎非常同意 ◎同意 ◎略同意 ◎中立 ◎略反对 ◎反对 ◎强烈反对

可持续增长对区域发展非常重要：

◎非常同意 ◎同意 ◎略同意 ◎中立 ◎略反对 ◎反对 ◎强烈反对

（注：本问卷所询问有关您的基本情况将不会用来披露任何人的身份）

附录二　符号表

TL	Talent
EG	Economic growth
ENT	Enterprise
ED	Ecological destruction
EP	Environmental pollution
EI	Educational investment
TEP	Talent Exchanging Platform
PO	Policy orientation
TE	Talent environment
TI	Talent introduction
TD	Talent development
TRE	Talent rooting environment
NR	Natural resources
OV	Observation variable
e	error
r（R）	Residual or deviation

Y_{EG}	区域经济发展增长
X_{TRE}	人才根植环境变量
X_{NR}	自然资源变量
X_{EI}	教育投资变量
X_{TEP}	人才交流平台变量
X_{PO}	政策导向变量
X_{TE}	人才环境变量
X_{ETP}	企业环境变量
X_{EP}	环境污染变量
X_{ED}	生态破坏变量
$X = p \times 1$	外生观察变量向量
$X = q \times 1$	内生观察变量向量
$\xi = m \times 1$	外生潜变量向量
$\eta = n \times 1$	内生潜变量向量
$\Lambda_x = p \times m$	外生潜变量的因子加载矩阵
$\Lambda_y = q \times n$	内生潜变量的因子加载矩阵
$\delta = p \times 1$	测量误差向量
$\varepsilon = q \times 1$	测量误差向量
η	内生潜变量向量
ξ	外生潜变量向量
β	内生潜变量系数矩阵
Γ	外生潜变量对内生潜变量的结构系数矩阵

ζ	结构方程模型中的测量误差或残差项
θ	修正值
R_{EG}	经济增长率
Y_{EG_after}	一年或一周期后区域经济发展增长值
$Y_{EG\_previous}$	区域经济发展前的增长值
R_{EP}	较上一年或上一个周期（五年）的环境污染源种类、环境污染程度与范围下降百分比
R_{ED}	较上一年或上一个周期（五年）的生态破坏种类、环境污染程度与范围下降百分比
R_{NR}	自然资源为较上一年或上一个周期（五年）的资源消费增长百分比，自然资源结构与数量下降百分比
R_{ETP}	企业发展较上一年或上一个周期（五年）的增长百分比
R_{EI}	教育投资较上一年或上一个周期（五年）的增长百分比
R_{TEP}	人才交流平台为专家人数、类别及层次增长或提升较上一年（或上一周期）的百分比
R_{PO}	为政策导向近五年与上一个五年（即一个小周期）基础上的增长百分比
R_{TE}	舒适度、方便度与竞争度较其他区域而言，百分比为较上一年或上一个周期（五年）的增长百分比
R_{EG}	经济增长率
R	增减率

X_t	t 时刻的状态
T_{ab}	处于状态 b 的概率
$\mathbf{T}$	有限状态马尔可夫链的转移概率矩阵
$\boldsymbol{\Phi}_n$	概率向量 $\mathbf{H}^n$ 的简单形式
F_{ab}	具有 a 特征的人才在具有 b 特征人员的数量及分布比例
$g_a(t)$	t 时刻 a 类特征人才的人数
$s_a(t)$	时间 $(t-1, t)$ 内 a 类特征人才的补充人数
$T_{ba}(t)$	b 类向 a 类转移的转移概率
$\mathbf{G}(t)$	t 时刻人才数量的行向量
$\mathbf{S}(t)$	t 时刻人才补充人数的行向量
$M_{ab}(t)$	类 a 到类 b 的在 $(t-1, t)$ 时间内人才的数量
T_{a0}	人才从类 a 中流失的概率
$X_{rdiy}(t)$	t 时刻的状态变量
$X_{rdiy}(t_0)$	具有 r, d, i 与 y 特征的科技人才在 t_0 的人数
$\dot{M}_{rdiy}(t_0)$	具有 r, d, i 与 y 特征的科技人才在 $(t_0 \sim t_1)$ 的流失人数
$\ddot{M}_{r \to ldiy}(t_0)$	具有 r, d, i 与 y 特征的科技人才在 t_0 时刻的从 r 层转移至 l 层的人数
$\overline{D}_{rdiy}(t)$	t 时刻具有（$rdiy$）特征的人员流失率
$\overline{M}_{rdiy}(t)$	t 时刻具有（$rdiy$）特征的 l 层次转移率
$X_{0diy}(t)$	团队的初始人数

184

$Q_{a \times b}$ 　　　　单因素评价矩阵

P_{nm} 　　　　由能力 n 到能力 m 转移概率

$\hat{P}_{nn}$ 　　　　每种能力的独立概率

z_{ab} 　　　　第 a 个被测试者的第 b 个评价指标

$C_{1 \times m}$ 　　　　综合评估矩阵

　　（注：本表包括各章主要符号及意义，部分局部使用符号在出现时予以说明。）

参考文献

一、中文文献

（一）著作

［1］郝寿义. 区域经济学原理［M］. 上海：上海人民出版社，2007.

［2］勒希斌. 教育经济学［M］. 北京：人民教育出版社，2011.

［3］毛志锋. 区域可持续发展的理论与对策［M］. 武汉：湖北科技出版社，2000.

［4］中国工程院，环境保护部. 中国环境宏观战略研究［M］. 北京：中国环境科学出版社，2011.

（二）期刊

［1］曹威麟，王艺洁，刘志迎. 人才环境与人才成长预期对集聚意愿的影响研究［J］. 中国人力资源开发，2016（19）.

［2］陈雁，符崔，陈晔，等. 国外高校创业教育模式与中国高校创业教育的思考［J］. 创新与创业教育，2015，6（1）.

［3］崔和瑞，王娣. 基于VAR模型的我国能源—经济—环境（3E）系统研究［J］. 北京理工大学学报（社会科学版），2010（1）.

［4］崔玉平．中国高等教育对经济增长率的贡献［J］．北京师范大学学报（人文社科版），2000（157）．

［5］刀福东，李兴仁，王天玉．教育对经济增长贡献的计量分析：以云南省为例［J］．学术探索，2004（2）．

［6］杜慧滨，顾培亮．区域发展中的能源—经济—环境复杂系统［J］．天津大学学报（社会科学版），2005（5）．

［7］杜泽涛．黄河流域3E系统绿色发展评价研究［J］．智慧中国，2023（8）．

［8］段进军，姚孟超，黄奕．环境规制对工业绿色创新影响的实证检验［J］．统计与决策，2022，38（16）．

［9］高宏霞，杨林，王节．经济增长与环境污染关系的研究——基于环境库兹涅茨曲线的实证分析［J］．云南财经大学学报，2012，28（2）．

［10］高鹏飞，陈文颖．碳税与碳排放［J］．清华大学学报（自然科学版），2002（10）．

［11］谷国锋．区域经济发展动力系统的构建与运行机制研究［J］．地理科学，2008（3）．

［12］郝帅，孙才志，宋强敏．基于ESTDA模型的中国水生态足迹及水生态压力评价［J］．生态学报，2021，41（12）．

［13］胡鞍钢．中国绿色发展与绿色革命［J］．中国绿色画报，2008（11）．

［14］胡小兵．德国：向绿色经济寻发展［J］．半月谈，2009（18）．

［15］姜涛，袁建华，何林，等．人口-资源-环境-经济系统分

析模型体系［J］. 系统工程理论与实践, 2002 (12).

　　［16］蒋金荷, 姚愉芳. 气候变化政策研究中经济——能源系统模型的构建［J］. 数量经济技术经济研究, 2002, 7: 4-45.

　　［17］雷明. 绿色国内生产总值 (GDP) 核算［J］. 自然资源学报, 1998 (4).

　　［18］李好样. 水污染的危害与防治措施［J］. 应用化工, 2014, 43 (4).

　　［19］李建华. 美国的科技人才政策体系及特点［J］. 中国科技人才, 2022 (5).

　　［20］李珂, 庄从从. 浅谈区域循环经济发展的路径及其保障机制［J］. 中国市场, 2014 (29).

　　［21］李丽锋, 惠淑荣, 宋红丽, 等. 盘锦双台河口湿地生态系统服务功能能值价值评价［J］. 中国环境科学, 2013, 33 (8).

　　［22］李林红, 介俊, 吴莉明. 昆明市环境保护投入产出表的多目标规划模型［J］. 昆明理工大学学报 (自然科学版), 2001 (1).

　　［23］李清源. 国内外绿色发展的实践与经验启示［J］. 青海环境, 2011, 21 (4).

　　［24］李岳峰, 张军慧. 区域经济发展模式的形成机理及其类型比较［J］. 开发研究, 2008 (1).

　　［25］林柳璇, 陈雅兰. 中国原始创新人才生态环境评价及影响因素［J］. 福建论坛 (人文社会科学版), 2023 (8).

　　［26］刘国光. 对当前我国经济形势和宏观调控的看法［J］. 经济学家, 1999 (4).

　　［27］刘海莺, 赵莹. 能源消费与中国经济增长关系的实证分析

［J］．统计与决策，2011（3）．

　　［28］刘华军，乔列成，郭立祥．减污降碳协同推进与中国 3E 绩效［J］．财经研究，2022，48（9）．

　　［29］刘明洋，韩杰，王芳芳．区域经济绿色发展面临的挑战及对策研究［J］．商业经济，2020（8）．

　　［30］刘明洋，王成端．区域资源型产业绿色转型的战略研究［J］．特区经济，2020（10）．

　　［31］卢黎歌，杨华．建设生态文明是破解生态问题的必然选择［J］．马克思主义研究，2013（2）．

　　［32］马骁，徐浪．我国高等教育对经济增长贡献的数量研究［J］．国际商务（对外经济贸易大学学报），2002（3）．

　　［33］牛文元．资源消耗大国的低碳谋略［J］．国土资源导刊，2010，7（1）．

　　［34］潘家华，庄贵阳，郑艳，等．低碳经济的概念辨识及核心要素分析［J］．国际经济评论，2010（4）．

　　［35］彭水军，包群．经济增长与环境污染——环境库兹涅茨曲线假说的中国检验［J］．财经问题研究，2006（8）．

　　［36］齐雪艳，吴泽宁，管新建．基于能值理论的燕山水库环境影响评价［J］．水电能源科学，2013，31（4）．

　　［37］秦嗣毅，郝冰．循环经济环保：可持续发展机理研究［J］．生态经济，2008（7）．

　　［38］沈红丽．因子分析法和熵值法在高校科技创新评价中的应用［J］．河北工业大学学报，2009，38（1）．

　　［39］孙绍荣．高等教育入学率与人均国民生产总值的关系：兼

评《世界教育报告》中的有关结论 [J]. 高等师范教育研究, 1997 (2).

[40] 孙佑海. 严格环境执法保障公众健康 [J]. 环境保护, 2017 (6).

[41] 陶玉国, 黄震方, 史春云. 基于替代式自下而上法的区域旅游交通碳排放测度研究 [J]. 生态学报, 2015 (6).

[42] 王灿, 陈吉宁, 邹骥. 基于 CGE 模型的 CO_2 减排对中国经济的影响 [J]. 清华大学学报 (自然科学版), 2005 (12).

[43] 王长征, 刘毅. 经济与环境协调研究综述 [J]. 中国人口·资源与环境, 2002 (3).

[44] 王丹, 余峰嵘. 研究生人才在不同区域的流失与吸收 [J]. 数理医药学杂志, 2015, 28 (2).

[45] 王德发, 阮大成, 王海霞. 工业部门绿色 GDP 核算研究: 2000 年上海市能源—环境—经济投入产出分析 [J]. 财经研究, 2005 (2).

[46] 王惠. 当前我国关于绿色经济发展所面临的机遇与挑战 [J]. 科技视界, 2014 (34).

[47] 王家赠. 教育对中国经济增长的影响分析 [J]. 上海经济研究, 2002 (3).

[48] 王凯风. 广东省绿色发展绩效的动态变化与空间分异研究: 基于碳排放视角下的 Global Malmquist-Luenberger 指数测算 [J]. 海峡科技与产业, 2021, 34 (9).

[49] 王乐, 武春友, 吴荻. 区域循环经济的概念与内涵研究 [J]. 湖北社会科学, 2012 (5).

[50] 王玲，何青．基于能值理论的生态系统价值研究综述 [J]．生态经济，2015，31（4）．

[51] 王圣云，沈玉芳．区域发展不平衡研究进展 [J]．地域研究与开发，2011，30（1）．

[52] 王宇，焦建玲．人力资本与经济增长之间的关系研究 [J]．管理科学，2005（1）．

[53] 吴新林，陈诗雨．一元线性回归模型在教育经济预测中的应用 [J]．湖北第二师范学院学报，2023，40（8）．

[54] 向书坚，郑瑞坤．中国绿色经济发展指数研究 [J]．统计研究，2013，30（3）．

[55] 肖劲松，王东升．区域循环经济发展的机理与对策 [J]．生态经济，2009（7）．

[56] 熊勇清，冯韵雯．产业政策环境适应能力的影响因素及现状分析 [J]．中国科技论坛，2011（12）．

[57] 徐春华，刘潇南．劳动复杂程度与经济增长 [J]．财经科学，2022（9）．

[58] 许宪春．绿色经济发展与绿色经济核算 [J]．统计与信息论坛，2010，25（11）．

[59] 薛若晗．基于三维生态足迹模型的福建省耕地资源评价 [J]．安徽农业科学，2019，47（19）．

[60] 于宝贵，沃小平．机电部优秀科技人才管理系统中人才预测与规划的数学模型方法 [J]．能源研究与信息，1992（2）．

[61] 曾福生，邓颖蕾．农业经济发展与生态环境系统的耦合协调关系：基于湖南省绿色低碳发展的实证 [J/OL]．吉首大学学报

（社会科学版），2024，45（4）.

［62］张阿玲，郑淮，何建坤. 适合中国国情的经济、能源、环境（3E）模型［J］. 清华大学学报（自然科学版），2002（12）.

［63］张嘉玲，陈明义. 绿色产业发展趋势［J］. 科学与工程技术期刊，2009，4（1）.

［64］赵芳. 能源—经济—环境非协调发展原因的经济学解释［J］. 中国人口·资源与环境，2008（4）.

［65］赵芳. 中国能源—经济—环境（3E）协调发展状态的实证研究［J］. 经济学家，2009（12）.

［66］赵菲菲，卢丽文. 环境治理视角下环境库兹涅茨曲线的实证检验［J］. 统计与决策，2022，38（20）.

［67］甄霖，杜秉贞，刘纪远，等. 国际经验对中国西部地区绿色发展的启示：政策及实践［J］. 中国人口·资源与环境，2013，23（10）.

（三）报纸

［1］文魁. 一场关系发展全局的深刻变革［N］. 北京日报，2015-11-30（6）.

（四）论文

［1］陈军. 中国非可再生能源战略评价模型与实证研究［D］. 武汉：中国地质大学，2008.

［2］陈玮. 基于灰色聚类与模糊综合评判的空气质量评价：以长江沿岸主要城市为例［D］. 上海：华东师范大学，2012.

［3］户国辉. 基于VAR的中国工业3E系统动态关系研究［D］. 北京：华北电力大学，2022.

［4］刘明洋．区域经济绿色发展评价研究［D］．成都：四川大学，2018.

［5］吕翠美．区域水资源生态经济价值的能值研究［D］．郑州：郑州大学，2009.

［6］那书晨．河北省经济可持续发展评估与战略研究［D］．天津：河北工业大学，2008.

［7］齐丹．空间 Solow-Swan 模型对空间经济增长的时空动力学分析［D］．银川：北方民族大学，2023.

［8］孙洁斐．基于能值分析的武夷山自然保护区生态系统服务功能价值评估［D］．福州：福建农林大学，2008.

［9］徐艳飞．中国地方政府经济行为模式与经济增长研究［D］．武汉：武汉大学，2014.

［10］张坤．区域绿色竞争力评价指标体系研究［D］．南昌：江西师范大学，2013.

［11］张丽峰．中国能源供求预测模型及发展对策研究［D］．北京：首都经济贸易大学，2006.

［12］张露．湖北县域经济绿色发展路径研究［D］．武汉：湖北工业大学，2015.

［13］赵亚蕊．供应链虚拟整合的动因及效能结果研究［D］．成都：西南财经大学，2013.

二、英文文献

（一）著作

［1］ANN M J, MONICA H, SANDRA K, et al. Investing in

natural capital [M]. Covelo: Island Press, 1994.

[2] BRUNTLAND G H. World Commission on Environment and Development (WCED), Our Common Future [M]. Oxford: Oxford University Press, 1987.

[3] GAGNIVC P A. Markov Chains: From Theory to Implementation and Experimentation [M]. NJ: John Wiley and Sons, 2017.

[4] GOODALL C. How to live a low carbon live: individual's guide to stopping climate change [M]. London: Sterling, VA, 2007.

[5] MEADOWS D H, MEADOWS D L, RANDERS J, BEHRENS W W. The Limits to Growth: A Report for the Club of Rome's Project on the Predicament of Mankind [M]. New York: Universe Books, 1972.

[6] PISSARIDES C A. Human Capital and Economic Growth: A Synthesis Report [M]. DECD Development Centre Technical Papers, Paris: OECD, 2000.

[7] Regional Outlook [M]. Singapore: ISEAR, 2011.

[8] ROSS S M. Introduction to Probability Models [M]. San Diego: Academic Press, 2003.

（二）期刊

[1] AGIOMIRGIANALTIS G, ASTERIOUS D, MONASTIRIOTIS V. Human capital and economic growth revisited: a dynamic panel data study [J]. International Advances in Economic Research, 2002, 8.

[2] ASAFV - ADJAYE J. The Relationship between Energy Consumption, Energy Prices and Economic Growth: Time Series Evidence from Asian Developing Countries [J]. Energy Economics, 2000, 22

(6).

[3] BERTINELLI L, STROBL E. The Environmental Kuznets Curve Semi-Parametrically Revisited [J]. Economics Letters, 2005, 88 (3).

[4] BOUDRI J C, HORDIJK L, KROEZE C, et al. The Potential Contribution of Renewable Energy in Air Pollution Abatement in China and India [J]. Energy Policy, 2002, 30 (5).

[5] BROWN M T, VLGIATI S. Emergy evaluation of biosphere and natural capital [J]. Ambio, 1999, 28 (6).

[6] CARTER A P. Energy Environment, and Economic Growth [J]. The Bell Journal of Economics and Management Science, 1974, 5 (2).

[7] CHIU C R, LIOU J L, WU P I, et al. Decomposition of the Environmental Inefficiency of the Meta-Frontier with Undesirable Output [J]. Energy Economics, 2012, 34 (5).

[8] CHUNG Y H, FÄRE R, GROSSKOPF S. Productivity and Undesirable Outputs: A Directional Distance Function Approach [J]. Journal of Environmental Management, 1997, 51 (3).

[9] DAGOUMAS A S, BARKER T S. Pathways to a low-carbon economy for the UK with the macro-econometric E3MG model [J]. Energy Policy, 2010, 38 (6).

[10] DHIFALLAH S M. Agroecological-economic system of Tunisia: an emergy analysis approach [J]. Transactions on Ecology and the Environment, 1997, 16 (2).

［11］DIETZ S, ADGER W N. Economic Growth, Biodiversity Loss and Conservation Effort ［J］. Journal of Environmental Management, 2003, 68 (1).

［12］DINDA S. Environmental Kuznets Curve Hypothesis: A Survey ［J］. Ecological Economics, 2004, 49 (4).

［13］EDWARD L G, MATTHEW K. The greenness of city ［R］. Boston Public Library: Rapport Institute Tubman Center Policy Briefs, 2008, 3: 1-12.

［14］ERDAL G, ERDAL H, ESENGÜN K. The Causality between Energy Consumption and Economic Growth in Turkey ［J］. Energy Policy, 2008, 36 (10).

［15］FREITAS L C D, KANEKO S. Decomposition of CO_2 Emissions Change from Energy Consumption in Brazil: Challenges and Policy Implications ［J］. Energy Policy, 2011, 39 (3).

［16］GENTZKOW M, SHAPIRO J M. What Drives Media Slant? Evidence from U. S. Daily Newspapers ［J］. Econometrica, 2010, 78 (1).

［17］GIELEN D, CHANG H C. The CO_2 Emission Reduction Benefits of Chinese Energy Policies and Environmental Policies: A Case Study for Shanghai, Period 1995—2020 ［J］. Ecological Economics, 2001, 39 (2).

［18］GÜRIŞ S, ÇA ĞLAYAN E. Returns to Education and Wages in Turkey ［J］. Robust and Resistant Regression, Quality & Quantity, 2012, 46.

［19］ GUTIÉRREZ M S, LUCARINI V. Response and Sensitivity Using Markov Chains ［J］. Journal of Statistical Physics, 2020, 179.

［20］ HAWDON D, PEARSON P. Input–Output Simulations of Energy, Environment, Economy Interactions in the UK ［J］. Energy Economics, 1995, 17 (1).

［21］ HIZEN Y, SAJIO T. Designing GHG emissions trading institution in the Kyoto protocol: an experimental approach ［J］. Environmental Modeling & Software, 2001, 16 (6).

［22］ HOOIJBERG R, HVNT J G, DODGE G. Leadership Complexity and Development of the Leaderplex Model ［J］. Journal of Management, 1997, 23 (3).

［23］ IFA A, GVETAT I. Does public expenditure on education promote Tunisian and Moroccan GDP per capita? ARDL approach ［J］. The Journal of Finance and Data Science, 2018, 4 (4).

［24］ ILON L. Can Education Equality Trickle – Down to Economic Growth? The Case of Korea ［J］. Asia Pacific Education Review, 2011, 12.

［25］ KINZIG A P, KAMMEN D M. National Trajectories of Carbon Emissions: analysis of proposals to foster the transition to low – carbon economies ［J］. Global Environmental Change, 1998, 8 (3).

［26］ KRAFT J, KRAFT A. On the Relationship between Energy and GNP ［J］. Journal of Energy Development, 1978, 3 (2).

［27］ LARSON E D, WU Z X, DELAQVIL P, et al. Future Implications of China's Energy – Technology Choices ［J］. Energy Policy,

2003, 31 (12).

[28] LAZZARETTO A, TOFFOLO A, REINI M, et al. Four Approaches Compared on the TADEUS (Thermoeconomic Approach to the Diagnosis of Energy Utility Systems) Test Case [J]. Energy, 2006, 31 (10-11).

[29] LEE C C. Energy Consumption and GDP in Developing Countries: A Cointegrated panel Analysis [J]. Energy Economics, 2005, 27 (3).

[30] LENZEN M, DEY C J. Economic, Energy and Greenhouse Emissions Impacts of some Consumer Choice, Technology and Government Outlay Options [J]. Energy Economics, 2002, 24 (4).

[31] LI C K, ZHANG S X. Stationary probability vectors of higher-order Markov chains [J]. Linear Algebra and its Applications, 2015, 473 (15).

[32] LIU M Y. Cognition of Regional Economic Growth Based on China's Intellectual Class [J]. Frontiers in Sustainability, 2022, 2 (3).

[33] LÜ Y L, GENG J, HE G Z. Industrial transformation and green production to reduce environmental emissions: Taking cement industry as a case [J]. Advances in Climate Change Research, 2015, 6 (4).

[34] MACLAREN V W. Urban Sustainable Reporting [J]. Journal of the American Planning Association, 1996, 62 (2).

[35] MCMAHON W W. The relation of education and R&D to pro-

ductivity growth in the developing countries of Africa [J]. Economics of Education Review, 1987, 6 (2).

[36] NASEEM S, HU X H, MOHSIN M. Elongating the role of renewable energy and sustainable foreign direct investment on environmental degradation [J]. Heliyon, 2023, 9 (7).

[37] NELSON R R, PHELPS E S. Investment in Humans, Technological Diffusion, and Economic Growth [J]. American Economic Review, 1966, 56 (1/2).

[38] NORDHAVS W D. A Review of the Stern Review on the Economics of Climate Change [J]. Journal of Economic Literature, American Economic Association, 2007, 45 (3).

[39] OLEKSIYENKO A V. Geopolitical agendas and internationalization of post-soviet higher education: Discursive dilemmas in the realm of the prestige economy [J]. International Journal of Educational Development, 2023, 102.

[40] OLIVEIRA C, ANTUNES C H. A Multiple Objective Model to Deal with Economy - Energy - Environment Interactions [J]. European Journal of Operational Research, 2004, 153 (2).

[41] PASCHE M. Technical Progress, Structural Change and the Environmental Kuznets Curve [J]. Ecological Economics, 2002, 42 (3).

[42] QI Y G, WEN F, WANG K, et al. A fuzzy comprehensive evaluation and entropy weight decision - making based method for power network structure assessment [J]. International Journal of Engineering,

Science and Technology, 2015, 2 (5).

[43] RAMÓN L. The Environment as a Factor of Production: The Effects of Economic Growth and Trade Liberalization [J]. Journal of Environmental Economics and Management, 1994, 27 (2).

[44] RVII A C, GÓMEZ L N, NARVÁEZ M R. Endogenous Wage Determinants and Returns to Education in Spain [J]. International Journal of Manpower, 2010, 31 (4).

[45] SADOWNIK B, JACCARD M. Shaping sustainable energy use in Chinese cities: the relevance of community energy management [J]. disP-The Planning Review, 2002, 15 (4).

[46] SERRANO-BEDIA A, PÉREZ-PÉREZ M. Transition towards a circular economy: A review of the role of higher education as a key supporting stakeholder in Web of Science [J]. Economics of Education Review, 2022, 31.

[47] SHIMADA K, TANAKA Y, GOMI K, et al. Developing a long-term local society design methodology towards a low-carbon economy: an application to Shiga prefecture in Japan [J]. Energy Policy, 2007, 35 (9).

[48] SHIN H C, PARK J W, KIM H S, et al. Environmental and Economic Assessment of Landfill Gas Electricity Generation in Korea Using LEAP Model [J]. Energy Policy, 2005, 33 (10).

[49] STERN D I. The Rise and Fall of the Environmental Kuznets Curve [J]. World Development, 2004, 32 (8).

[50] TAHVONEN O, KVVLVVAINEN J. Optimal Growth with Re-

newable Resources and Pollution [J]. European Economic Review, 1991, 35.

[51] TAKII K, TANAKA R. Does the Diversity of Human Capital Increase GDP? A Comparison of Education Systems [J]. Journal of Public Economics, 2009, 93 (7-8).

[52] TALBOT L M. The World's Conservation Strategy [J]. Environmental Conservation, 1980, 7 (4).

[53] TORRAS M, BOYCE J. Income, Inequality and Pollution: A Reassessment of the Environmental Kuznets Curve [J]. Ecological Economics, 1998, 25 (2).

[54] TRAN B L, CHEN C C, TSENG W C. Causality between energy consumption and economic growth in the presence of GDP threshold effect: Evidence from OECD countries [J]. Energy policy, 2022, 251.

[55] VEGA-AZAMAR R E, GLAVS M, HAVSLER R, et al. An emergy analysis for urban environmental sustainability assessment, the Island of Montreal [J]. Canada, Landscape and Urban Planning, 2013, 118.

[56] VLGIATI S, BROWN M T. Emergy and ecosystem complexity [J]. Communications in Nonlinear Science and Numerical Simulation, 2009, 14 (1).

[57] VV T B, HAMMES D L, IM E I. Vocational or University Education? A New Look at Their Effects on Economic Growth [J]. Economics Letters, 2012, 117 (2).

[58] WEYANT J P. EMF 19 Special Issue: Alternative technology

strategies for climate change policy [J]. Energy Economics, 2004, 26 (4).

[59] WILLIAMSON J G. Regional inequality and the Process of National Development: A Description of Patterns [J]. Economic Development and Culture Change, 1965, 13 (4).

[60] WOLFGANG K. International technology diffusion [J]. Journal of Economic Literature, 2004, 42 (3).

[61] XEPAPADEAS A. Chapter 23 Economic growth and the environment [J]. Handbook of Environmental Economics, 2005, 3.

（三）论文

[1] ROSE L R. Gaps in the Implementation of Environmental Law at the National, Regional and Global Level [D]. Kuala Lumpur, Malaysia: UNEP, 2011.

后　记

　　本书利用调查问卷数据来估计相关因素对区域经济绿色增长的影响。虽然样本量很大，但只调查了中国一些主要城市。相关结果表明，区域经济增长受人才根植环境、自然资源、企业、生态破坏、环境污染等因素影响，不同因子之间也存在相互影响，但人才根植环境才是影响区域经济绿色发展的最重要因素。

　　区域经济发展研究领域将随着时间的推移发生显著变化。诸如创业、银行业、私有化、外国直接投资、贸易、企业重组、创新和金融市场等主题，随着时间的推移将成为研究的重点。大多数主题和概念都与区域经济发展的微观和宏观经济组成部分有关，甚至包括国际一体化。未来研究的重心将放在区域经济在新的发展阶段的动态特征和决定性因素。与此同时，通过马尔可夫链对区域人才状态进行分析，初步构建了一个人才预测模型。为了进一步评估人才的能力，仅研究了人才的创造力、决策能力、沟通能力与专业能力。未来需要进一步考虑如何评估个人的潜在价值，即对人才能力的经济评估。为了实现上述目标，需要考虑更多因素，如年龄、行业、层次、教育程度和其他因素。由于人才能力的经济评估是一个复杂的课题，需要更多的研究人员花更多的时间进行探索。

　　本书编撰过程中，李天德教授、朱方明教授、邓玲教授、杜受祜教授、李晹教授提出了建设性意见和建议，特别是李天德教授给予了无私的支持与帮助，在此表示衷心的感谢。本书由四川轻化工大学人才引进项目"区域经济绿色发展评价研究"（编号 2022RC08）与成渝地区双城经济圈川南发展研究院项目"川南经济区创新发展与协调发展战略研究"（编号 CYQCNY20215）资助。

　　由于笔者认知水平、写作能力及逻辑思维方面的局限性，本书可能存在诸多不足甚至谬误，恳请各位专家、学者与各界朋友指正。